108 課綱 學習重點對照表

線上下載，最新、最完整的教學計畫：http://2web.tw/75b8

課別	課程名稱	領域學習表現/議題實質內涵	
一	認識多媒體影片	資 E6	認識與使用資訊科技以表達想法。
		法 E7	認識責任。
		綜 2c-III-1	分析與判讀各類資源，規劃策略以解決日常生活的問題。
		藝 1-III-3	能學習多元媒材與技法，表現創作主題。
二	個人專屬公仔	資 E6	認識與使用資訊科技以表達想法。
		藝 1-III-2	能使用視覺元素和構成要素，探索創作歷程。
		綜 2d-III-2	體察、分享並欣賞生活中美感與創意的多樣性表現。
三	影像魔法師	資 E6	認識與使用資訊科技以表達想法。
		藝 1-III-2	能使用視覺元素和構成要素，探索創作歷程。
		綜 2d-III-2	體察、分享並欣賞生活中美感與創意的多樣性表現。
四	麻吉點點名	資 E6	認識與使用資訊科技以表達想法。
		藝 1-III-3	能學習多元媒材與技法，表現創作主題。
		綜 2d-III-2	體察、分享並欣賞生活中美感與創意的多樣性表現。
五	音樂 Do Re Mi	資 E6	認識與使用資訊科技以表達想法。
		藝 1-III-5	能探索並使用音樂元素，進行簡易創作，表達自我的思想與情感。
		綜 2c-III-1	分析與判讀各類資源，規劃策略以解決日常生活的問題。
六	校園小主播	資 E6	認識與使用資訊科技以表達想法。
		藝 1-III-3	能學習多元媒材與技法，表現創作主題。
		綜 2d-III-2	體察、分享並欣賞生活中美感與創意的多樣性表現。
七	守護地球 Let's Go！	資 E6	認識與使用資訊科技以表達想法。
		社 2a-III-2	表達對在地與全球議題的關懷。
		藝 1-III-3	能學習多元媒材與技法，表現創作主題。
		數 s-III-3	從操作活動，理解空間中面與面的關係與簡單立體形體的性質。
八	我們班的影展	資 E8	認識基本的數位資源整理方法。
		資 E9	利用資訊科技分享學習資源與心得。
		綜 2b-III-1	參與各項活動，適切表現自己在團體中的角色，協同合作達成共同目標。
		社 3c-III-3	主動分擔群體的事務，並與他人合作。

本書學習資源

行動學習電子書

影音、動畫・高品質教學

完全教學網站

我是小導演
影音剪輯

| 第1課 | 第2課 | 第3課 | 第4 |

第1課

看見美麗

學習目標
◆ 知道什麼
◆ 編導影片
◆ 認識素材

e 電子書

單元	頁次	教學與學習活動
1-1	P08	什麼是【多媒體】
1-2	P10	用影片說故事
1-3	P14	電腦內建的多媒體軟體
1-4	P15	製片初體驗 - 照片變影片
我是高手	P20	發現更多美麗
1-5	P21	素材的種類、差異與取得
1-6	P26	網路上的免費素材

模擬介面・互動學習

網站集成・補充教材

CC 台灣社群

YouTube 音效庫 (音樂)

依據十二年國教課綱編寫，統整式課程設計，3D科技應用，創客課程，促進多元感官發展。

臺北市校園國小

全書範例

Windows 10 版

第6課　第7課　第8課

體影片

▶ 全課播放

課程資源	播放檔	時間
媒體	▶	01:19
藍賽	▶	01:20
	▶	00:50
	▶	02:46
	▶	02:30
片的取得方法	▶	00:33
連看		
貼		
群		
Lee Hansen		
Flick:Creative Commons	▶	00:43
公視創用		
jamendo		
Freesound		

課程遊戲、高學習動機

測驗遊戲·總結性評量

範例練習用圖庫·延伸學習、個別差異

美麗的照片

外框

鏤空公仔

目 錄

1 認識多媒體影片 - 認識多媒體、編導、素材與電腦內建軟體

2 個人專屬公仔 - PhotoCap 與動態相簿

3 影像魔法師 - 美化相片與影像處理

4 麻吉點點名 - Windows 內建「相片」編輯器

麻吉們，
集合囉！

5 音樂 Do Re Mi - 下載與剪輯音樂

6 校園小主播 - 圖片、視訊混合編輯與音效、音樂設定

7 守護地球 Let's Go! - 3D效果、3D模型動畫與綜合練習

8 我們班的影展 - 發布影片到YouTube、建立播放清單

1 認識多媒體影片

- 認識多媒體、編導、素材與電腦內建軟體

小導演

開麥啦！
Action！

本課重點

◎ 知道什麼是多媒體
◎ 編導影片的概念
◎ 認識素材與如何取得

1 什麼是【多媒體】

2 用影片說故事

3 電腦內建的多媒體軟體

4 製片初體驗 - 照片變影片

我是高手 - 發現更多美麗

5 素材的種類、差異與取得

6 網路上的免費素材

1 什麼是【多媒體】

【媒體】就是用來傳遞【訊息】的方式，常見的有【文字】、【圖片】(影像)、【聲音】與【視訊】(動畫)。結合上述兩種以上的媒體素材來傳遞訊息，就稱為【多媒體】。

文字

常運用在影片中當作【標題】、【字幕】或【註解】

可在影片中直接輸入，也可以事先用文書軟體 (例如：記事本、WordPad、Word、Writer) 預先打好備用。

圖片 (影像)

可用影像處理軟體美化或繪製圖片

常見的影像處理軟體：

 選用

● **PhotoCap** (免費軟體)

● PhotoImpact　● GIMP　● 小畫家

老師說

舉凡影片、簡報、卡通、遊戲、網站 (網頁)...等形態，都屬於多媒體。藉由多媒體傳遞的訊息，可以引起興趣、幫助學習，也比較容易讓觀賞者 (使用者) 記住喔！

聲音　常用在影片中當作【背景音樂】、【音效】、【旁白】

常見的聲音編輯軟體：

選用

● **Audacity** (免費軟體)
● Wave Editor　● GoldWave

視訊(動畫)　可用智慧型手機、數位相機、DV 或 WebCAM 拍攝，傳輸到電腦

多媒體影片

結合【文字】、【圖片(影像)】、【聲音】、【視訊(動畫)】製作出來的影片

常見的多媒體影片編輯軟體：

選用

● **相片** (Windows 10 內建)

● 威力導演　● 會聲會影

用影片說故事

每個製作【多媒體影片】的人，都是小導演！要成為一個優秀的小導演，最基本的概念就是【用影片說故事】！

說什麼

就是想講什麼樣的故事，也就是【主題】。例如：【我的麻吉】、【校園生活】、【看見臺灣】、【節能減碳】...等。

用什麼說

就是要使用什麼【素材】。例如：只用圖片嗎？還是圖片與視訊混用？素材需要加工嗎？需要字幕、旁白或背景音樂嗎？(包含蒐集、製作與整理素材)

怎麼說

就是如何在影片中編輯素材。例如：素材的排列順序、旁白或字幕出現的時間點、選用適合的特效...等等。

 見故事

如何讓觀眾藉由【看】影片，就能【同步】進入你想表達的情境、劇情與場景，就是小導演最重要的任務囉！

影片，就是讓你可以【看】見的故事！

編輯影片時，可運用
**文字 、 旁白 、
字幕 、 特效**
來加強完整性與視覺效果。

小導演

開麥啦！
Action！

運動會我來啦

老師說

說故事的方式，有人喜歡平鋪直敘、有人喜歡賣關子、也有人偏好鉅細靡遺。你可以用自己喜歡的方式來說故事，但記得：完成的作品一定要讓人【看得懂】！因為看不懂的故事，說了等於是白說。

◎ 編導影片的流程

製作【多媒體影片】必須有整體的規劃，才能清楚地傳達訊息。規劃順序簡單來說就是：【企劃】、【腳本】、【素材】與【編輯】

企劃
構思主題與規劃影片內容與所需素材。

腳本
影片裡面的場景、素材播放順序、旁白或字幕...等等。

素材
蒐集或製作素材，並統一管理、放在專用資料夾中。

編輯
啟動編輯軟體，匯入素材開始編輯。然後輸出成影片。

如何編寫腳本

【編寫腳本】就是【說故事】。根據企劃主題，就能做具體的腳本編寫囉！型態上大致有【分鏡腳本】與【文字腳本】兩種，例如：

分鏡腳本

腳本

影片主題：校園小主播　　　　　　製作人：王小宇

鏡次	畫面	說明	聲音(音樂)	秒數
1	校園小主播	片頭：圖片 標題： 校園小主播	秒針音效 片頭音效	8秒
2		打球：視訊 字幕： 籃球比賽	視訊聲音 背景音樂	5秒
3	真是活力充沛呀呀	小主播：圖片 字幕： 真是活力充沛 啊！	背景音樂	5秒
4		扯鈴：視訊 字幕： 大家一起學扯 鈴	視訊聲音 背景音樂	5秒
5	只比我厲害一點點	小主播：圖片 字幕： 只比我厲害一 點點！	背景音樂	5秒

在表格上簡單畫出關鍵段落的畫面，並加以簡述。

文字腳本

腳本

影片主題：校園小主播　　　　　　製作人：王小宇

鏡次	畫面	聲音(音樂)	秒數
1	標題：校園小主播 小主播張口說話，畫面有一台電視插畫的自製圖片。	秒針音效 片頭音效	8秒
2	字幕：籃球比賽 同學在籃球場上打球、跑跑跳跳的視訊。	視訊聲音 背景音樂	5秒
3	字幕：真是活力充沛啊！ 小主播照片，表情開心。	背景音樂	5秒
4	字幕：大家一起學扯鈴 學扯鈴校外教學視訊。	視訊聲音 背景音樂	5秒
5	字幕：只比我厲害一點點 小主播照片，表情有點臭屁。	背景音樂	5秒

在紙上或用文書軟體(例如：記事本或 Word 或 Writer)，寫上關鍵段落的畫面構想。

會畫圖的就畫圖，不擅長畫圖的，寫字也可以喔！

 老師說

選用素材注意事項

素材的內容會影響影片的精彩度與適當性，因此要注意以下要點：

❶ 符合主題　❷ 尊重智慧財產權　❸ 禁止不雅相片、圖片與視訊

❹ 相片數量：每張相片展示時間約為 4~5 秒，根據影片長度，計算
　　　　　　該準備幾張相片

❺ 相片品質：像素品質至少要 800 x 600 以上

電腦內建的多媒體軟體

Windows 10 中有內建一些多媒體軟體讓大家使用喔！來看看它們能做些什麼吧！(在【 ⊞ / 程式集】中就可找到、開啟它們喔！)

 相片

本書就是用【相片】來編輯多媒體影片喔！

這裡只是簡單體驗相片功能，第 4 課會有詳細的介紹喔！

除了可以瀏覽相片與圖片外，還能編輯影片。雖然名為【相片】，功能可不只是秀相片喔！

	影片編輯器	它其實是包含在【相片】中的功能。啟動後，會直接開啟【影片專案】視窗。
	電影與電視	Windows 10 預設的影片播放器。
	Groove 音樂	可播放音樂，還可以建立播放清單。
	相機	使用電腦上的鏡頭，或接上網路攝影機，就可以拍照，也可以錄影。
	語音錄音機	接上麥克風，就可以錄音。

● 如果因 Windows 10 版本較舊，找不到上列軟體，請更新系統、或到官網下載 Windows 10 更新小幫手來更新：https://www.microsoft.com/zh-tw/software-download/windows10

製片初體驗-照片變影片

【相片】軟體有自動混搭影片的功能，只要將圖片(照片)準備好，就可快速變成影片喔！快來試試看！

01.png　02.png　03.png　04.png

05.png　06.png　07.png　08.png

1 匯入圖片

將圖片匯入【相片】

2 自動混搭影片

自動混搭佈景主題、標題、步調、背景音樂與影片長度

看見美麗.mp4

3 輸出影片

輸出成影片檔

 重要

　　【相片】是用【連結】素材的方式來進行影片編輯的軟體。每課練習前，記得先將素材資料夾 複製到要存放成果的資料夾，讓素材跟著成果走，若以後開啓專案卻連結不到素材時，可方便隨時再連結。

🎯 複製素材到專用資料夾

為了方便練習與對應連結，讓我們將電腦的【影片】資料夾當作製作影片的專用資料夾，然後將放素材用的資料夾，複製進來吧！

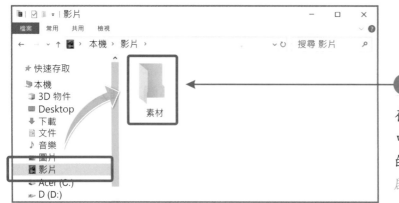

1 新增資料夾

在電腦的【本機 / 影片】中新增一個名為【素材】的資料夾，然後點兩下開啟它

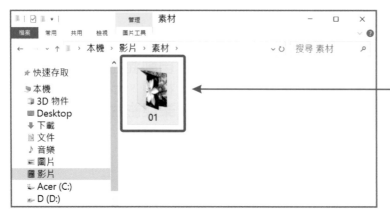

2 複製素材資料夾進來

將老師指定資料夾【01】複製到【素材】資料夾中

🎯 啟動【相片】與匯入素材

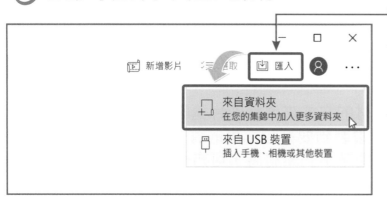

1

按【⊞ / 相片】，啟動【相片】軟體

再到右上方按【匯入 / 來自資料夾】，點選【01】資料夾，按【新增此資料夾到圖片】

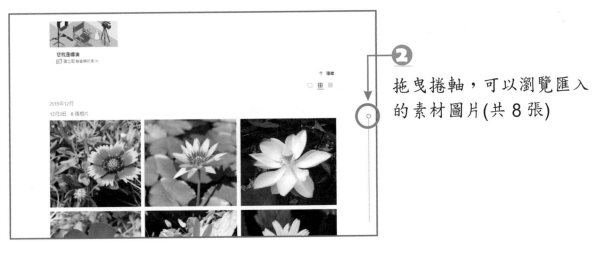

② 拖曳捲軸，可以瀏覽匯入
的素材圖片(共 8 張)

新增自動影片

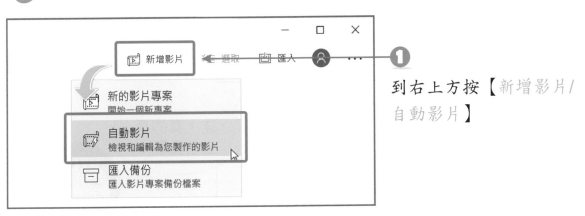

① 到右上方按【新增影片/
自動影片】

② 按一下【選取所有 8】

小提示

想自選想要的圖片，就到
圖片縮圖上打勾。

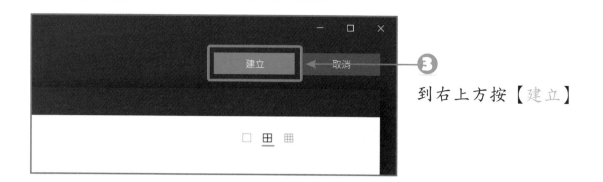

③ 到右上方按【建立】

④ 輸入影片名稱【看見美麗】，然後按【確定】，就會開始自動產生影片

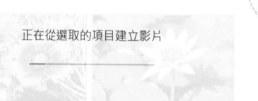

哇！真的是全自動耶！

⑤ 瀏覽與混搭

產生影片後，會自動播放一遍

Ⓐ 按 ▷ 可再次瀏覽

Ⓑ 若不滿意，可按 ↻ 產生其他風格影片

◎ 完成影片 (輸出影片)

1 混搭到滿意的影片後，按【完成影片】

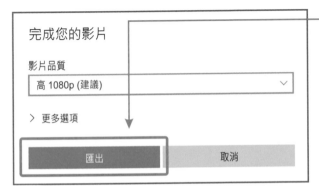

2 按【匯出】

小提示

有需要的話，可以按【影片品質】欄，選擇想要的畫質。

把影片儲存到專用資料夾吧！

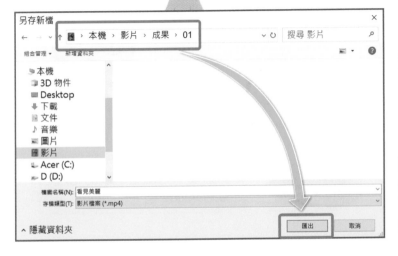

3 開啟老師指定儲存資料夾，然後按【匯出】，就會開始輸出影片

④

輸出完成，會自動播放影片喔！

小提示

剛輸出完畢，預設會用【相片】來播放。

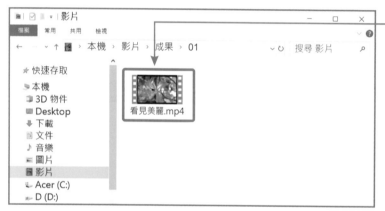

⑤

開啟儲存資料夾，會看到影片檔案

小提示

點兩下檔案，會以電腦預設軟體播放 (例如【電影與電視】)。

我 是 高 手　　發現更多美麗

好吃美食！

想想還有哪些美麗的事物，也幫它們拍照，然後將它們變成影片吧！(也可使用進階練習圖庫的照片喔！)

示範參考

或是學過第 27 頁 免費資源網站後，可使用下載的相片素材來做練習。

⑤ 素材的種類、差異與取得

素材的種類與差異

多媒體素材有【圖片】、【視訊】與【聲音】，來了解一下它們吧！

圖片 【圖片】包含了插圖與照片，常見的格式有：

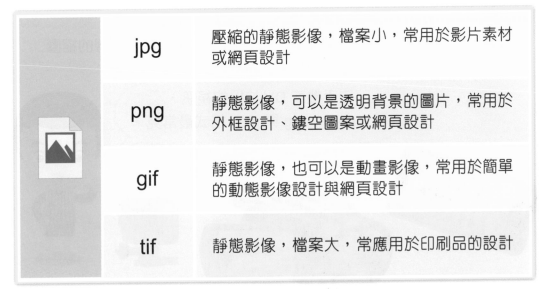

	jpg	壓縮的靜態影像，檔案小，常用於影片素材或網頁設計
	png	靜態影像，可以是透明背景的圖片，常用於外框設計、鏤空圖案或網頁設計
	gif	靜態影像，也可以是動畫影像，常用於簡單的動態影像設計與網頁設計
	tif	靜態影像，檔案大，常應用於印刷品的設計

注意：左側為系統預設圖示，一般來說，在電腦上會顯示內容縮圖

老師說

不管是圖片、視訊、聲音，在【檔案總管】的【檢視 / 詳細資料】模式下，可以看到格式種類與檔案大小：

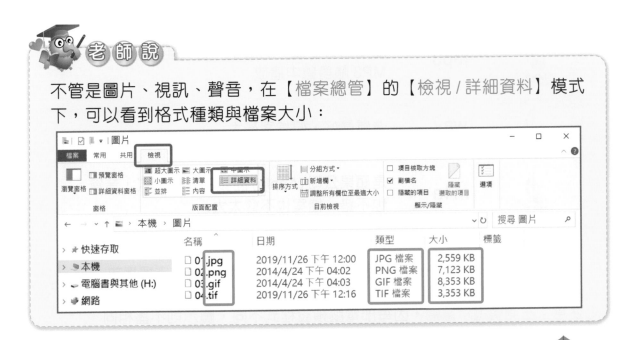

視訊　【視訊】就是俗稱的【影片】，常見的格式有：

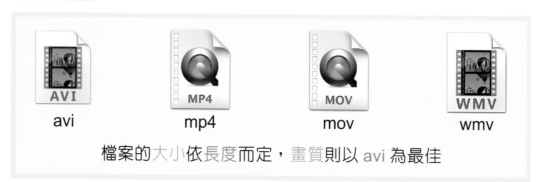

avi	mp4	mov	wmv

檔案的大小依長度而定，畫質則以 avi 為最佳

注意：圖示為示意圖，一般來說，在電腦上會顯示預視內容的縮圖

由手機或 DV 拍攝的視訊，
以 mp4、mpeg 與 mov 格式最常見。

聲音　【聲音】包含了音效、音樂與旁白，常見的格式有：

	mp3	壓縮的聲音檔，檔案小，音質佳。可存放在 MP3 隨身聽中播放
	wav	音質最好，但檔案最大
	m4a	是蘋果公司 (Apple) 開發的聲音格式，音質也不錯，檔案也不會太大
	wma	壓縮率比 mp3 還大，檔案更小，所以音質就沒那麼好。很多 MP3 隨身聽也支援播放

注意：左側圖為示意圖，因每部電腦預設程式不同，圖示則不盡相同

◎ 取得素材常會用到的設備

我們可以使用電腦周邊的硬體設備來取得【素材】。以下就是常見的設備：

智慧型手機或數位相機

拍照後將影像傳輸到電腦

DV 攝影機

拍攝視訊或相片後，傳輸到電腦

網路攝影機

直接拍攝視訊或相片後，傳輸到電腦

掃描器

掃描圖片、照片或其他印刷物的圖片到電腦裡

讀卡機

讀取記憶卡中的素材，可用複製貼上的技巧，將素材儲存到電腦裡

喇叭

好的喇叭，可聽到清晰的聲音；製作多媒體時，更容易分辨音質

光碟機

讀取光碟中的圖片或聲音，最好是能讀取與燒錄 DVD / 藍光的光碟機

麥克風

錄製聲音或旁白

編輯 (處理) 素材的軟體

必要時我們可以使用軟體適度美化或修剪素材。以下是常見又好用的免費編輯素材軟體:

PhotoCap - 影像處理

GIMP - 影像處理

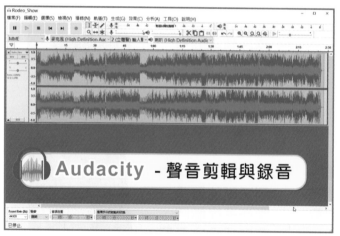

Audacity - 聲音剪輯與錄音

有好的編輯軟體,才能讓影片變得更好看、更精彩喔!

相片 - Windows 10 內建的多媒體影片編輯軟體,也可以當作剪輯視訊的軟體來用

素材的檔案管理

把同一類型的素材，放進專屬資料夾，統一管理，才不會要使用時亂糟糟找不到喔！管理的原則例如：

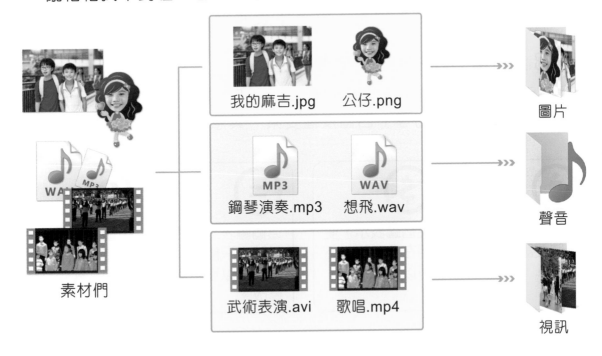

在編輯影片前，記得先新增一個【專案資料夾】，再把會用到的素材，【複製/貼上】到專案資料夾中，這樣就可避免不小心刪除或更改到原始素材了。(資料夾內也要做好檔案管理喔！)例如：

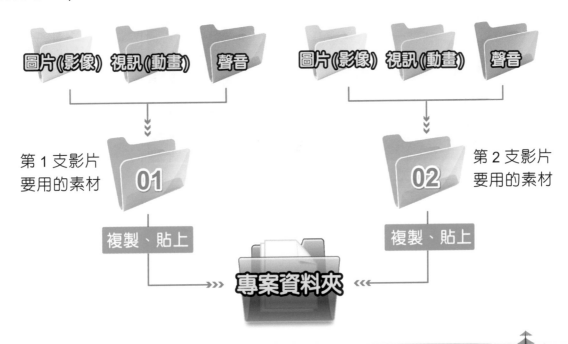

網路上的免費素材

除了自己製作外，網路上也有很多可以合法使用的素材喔！但為了尊重智慧財產權，讓我們先了解一下使用時的相關規定：

認識創用 CC - 四個授權要素

創用 CC 授權條款包括「姓名標示」、「非商業性」、「禁止改作」以及「相同方式分享」四個授權要素，其意思分別為：

這個圖表示，使用時要註明作者姓名。

這個圖表示，使用在作品時，不可以拿來獲利。

這個圖表示，使用時，只能拷貝，不可以變更或修改。

這個圖表示，使用時，只能依同樣的授權條款來發布該作品。

以【維基百科】上的資料為例：

維基百科中的圖片、文字內容，都是經過授權，可以分享使用的喔！

資料來源網址

作者資訊連結或姓名

創用 CC 標示

到 CC 台灣社群 網站 (https://cc.ocf.tw/)，上面有更詳細的介紹喔！

免費資源網站

除了維基百科，以下網站也有提供免費圖片、視訊與聲音喔！有需要時，可以去搜尋、下載：

邊框 Lee Hansen
http://www.leehansen.com

相片 Flickr:Creative Commons
https://www.flickr.com/creativecommons

視訊 公視創用
http://cc.pts.org.tw/

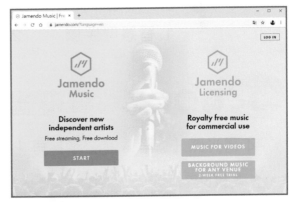

音樂 jamendo
https://www.jamendo.com/en

音效 Freesound
http://www.freesound.org/

到 YouTube 也可以下載音樂喔！這在第 5 課會教！

 練功囉

( )1 以下哪個不是多媒體的素材？

　　1. 圖片　　　　　2. 聲音　　　　　3. 味道

( )2 以下哪個不是製作 (編輯) 圖片素材的軟體？

　　1. PhotoCap　　　2. Word　　　　3. 小畫家

( )3 以下哪個是製作 (編輯) 聲音素材的軟體？

　　1. PowerPoint　　2. Audacity　　3. Word

( )4 以下哪個不是取得多媒體素材的設備？

　　1. 智慧型手機　　2. 掃描器　　　3. 手電筒

 進階練習圖庫　　美麗的照片

本書光碟【進階練習圖庫】有【美麗的照片】，提供給你做練習喔！

美麗世界

美麗動物

美麗校園

2 個人專屬公仔

- PhotoCap 與動態相簿

專屬公仔，
獨一無二！

我的微電影

現代人手一台智慧型手機，讓拍照、攝影變得非常方便！而在手機、平板電腦上，也有很多影片編輯App，可以快速剪輯出短片喔！

在 PC 電腦上 (Windows 10)，用 🖼 【相片】的【相簿】功能，可以彙整照片變成一個個不同主題的動態相簿，不僅可以當作幻燈片來觀賞，也可以匯出成影片喔！

簡單匯入、
快速完成！

2 製作個人公仔

影片中少不了用到個人照，獨特又趣味的公仔，最吸睛啦！
學習使用 PhotoCap 完成個人公仔，為製作影片做準備吧！

◎ 開啟相片 (大頭照) 與去背

① 啟動【PhotoCap】後，按 載入

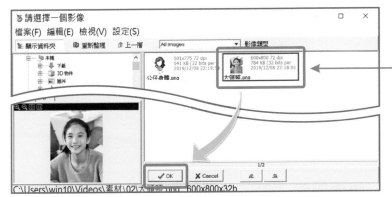

② 開啟老師指定資料夾，點選【大頭照.png】，然後按【OK】

 老師說

拍攝後，若有些相片真的不夠理想，或者想讓它更漂亮，該怎辦呢？
用影像處理軟體，例如【PhotoCap】、【GIMP】....，就可以做進一步的加工處理喔！

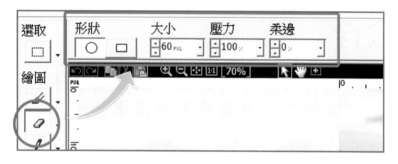

❸

按 【橡皮擦】工具，設定：

形狀 - ◯

大小 - 60

壓力 - 100

柔邊 - 0

❹

沿著頭部邊緣，擦除周圍的影像 (注意：別擦除到臉喔！)

小提示

任何時候，都可以按 Ctrl + Z 復原後，重新操作。

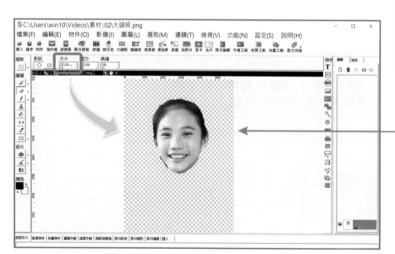

❺

更換橡皮擦【大小】為【120】後，擦除頭部以外的所有影像

◎ 儲存成 PNG 影像物件

將去背的大頭照，儲存成一個透明的【PNG】格式的影像物件，就能隨意旋轉、縮放與移動位置喔！應用面更廣泛、更自由！

影像物件　　左轉　　右轉　　縮放 (不等比例或等比例)

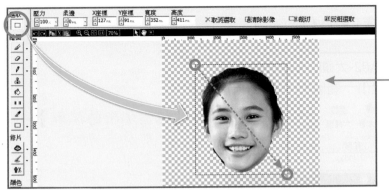

❶ 按 ▭【矩形選取】工具，框選頭部影像 (框線盡量貼近頭部邊緣)

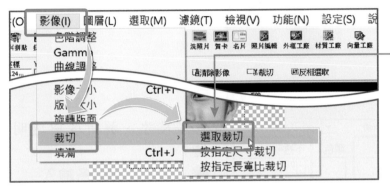

❷ 按【影像 / 裁切 / 選取裁切】

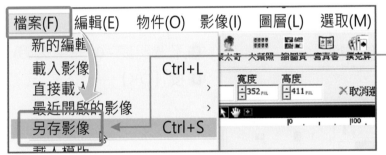

❸ 按【檔案 / 另存影像】

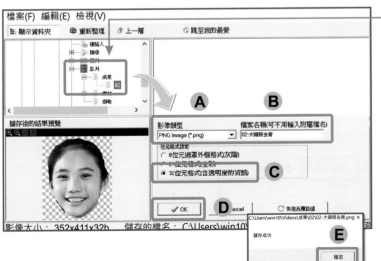

❹ 開啟儲存資料夾，然後設定與儲存：

Ⓐ 影像類型 - PNG

Ⓑ 檔案名稱 - 02-大頭照去背

Ⓒ 位元格式 - 32位元格式 (含透明度的資訊)

Ⓓ 按【OK】

Ⓔ 儲存完成，按【確定】

匯入去背大頭照與鏤空公仔

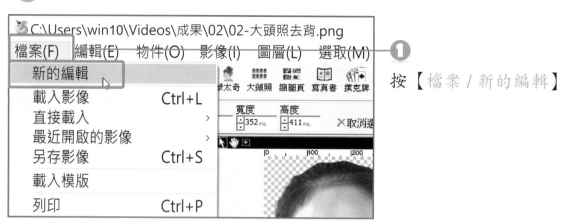

按【檔案 / 新的編輯】

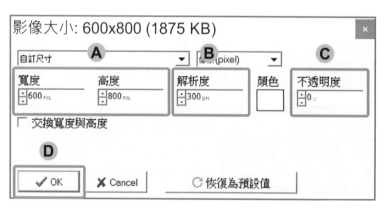

設定尺寸、解析度與透明度：

A 寬度、高度 - 各輸入 600、800

B 解析度 - 300

C 不透明度 - 0 (完全透明)

D 按【OK】

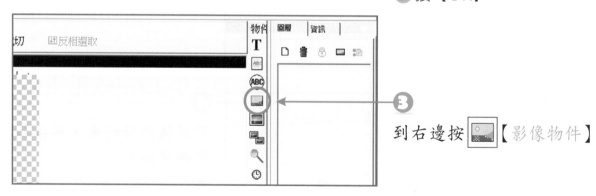

到右邊按 【影像物件】

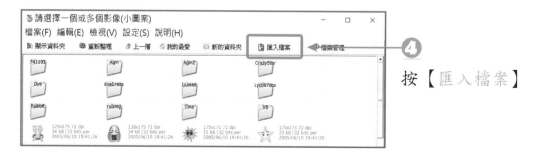

按【匯入檔案】

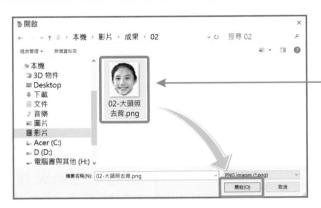

5 點選 P33 所完成的去背大頭照檔案，按【開啟】

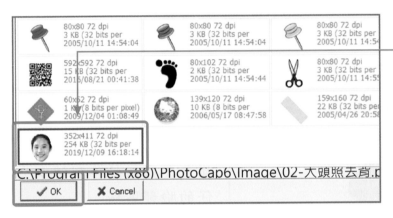
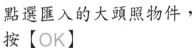

6 點選匯入的大頭照物件，按【OK】

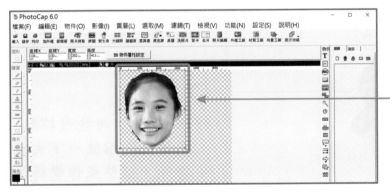

7 匯入的影像物件，可以隨意移動、縮放喔！

8 接著再按一次 ，匯入老師指定資料夾中的【公仔身體.png】，並拖曳移動到正中央

◎ 組合成專屬公仔

1 點選下方的大頭照物件
(或點選右下方的大頭照
圖層)

2 拖曳大頭照物件到鏤空公
仔的臉部區域

3 按住 Shift ，再拖曳控點
，不等比例縮放一下大頭
照物件，調整成你覺得最
好的大小

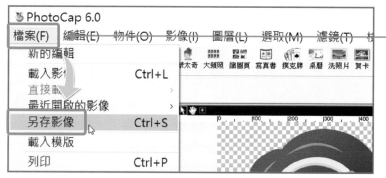

4 在空白處點一下取消選取
後，按【檔案 / 另存影像】
，命名為【02-我的個人公
仔】(PNG、透明) 儲存起
來吧！

懂 更 多　自製鏤空公仔圖案

用 🧽【魔術橡皮擦】工具，就能從現有的圖片上，自製鏤空公仔圖案喔！趕快來學！(取得圖片，要注意尊重智慧財產權。)

❶ 載入老師指定的圖片【公仔插畫.png】

❷ 按 🧽 右方的下拉方塊，點選 🧽【魔術橡皮擦】

❸ 設定差異度例如【32】(數字越大，會自動偵測的連續色就越多)

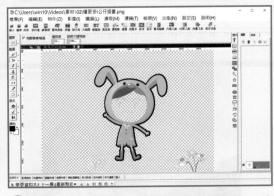

❹ 陸續點一下公仔外部與臉部的區域，自動擦除顏色 (變透明)

❺ 工具換回 🧽【橡皮擦】，設定大小，小心擦除殘餘的影像

❻ 按 ⬚【矩形選取】工具，框選公仔圖案，再按 ✂ 裁切後，另存成透明的png 檔案，就完成囉！

個人公仔的應用

獨一無二的個人專屬公仔，可以應用到很多地方喔！例如：將它與風景名勝合成起來，就會變成超有趣的虛擬旅遊照喔！

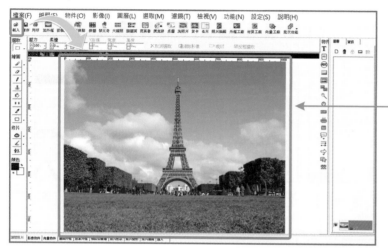

1

載入【巴黎鐵塔.jpg】

(範例 / 02 / 風景照)

2

仿照 P34 ❸ ～ P35 ❻，將個人公仔合成進來，然後儲存到專用資料夾，就變成一張虛擬旅遊照囉！

3

接著再完成其他四張如圖示吧！

(比薩斜塔、地中海、自由女神、羅馬競技場)

個人公仔的應用，還有很多很多，像是...

個人的專屬圖章

大頭貼

桌布

封面設計

卡片

公告

我的動態相簿

讓我們彙整上一節完成的虛擬旅遊照，變成一本動態相簿吧！

🎯 匯入圖片資料夾

① 啟動🖼【相片】軟體，然後到右上方按【匯入/來自資料夾】

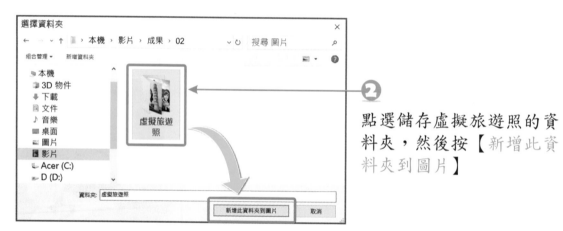

② 點選儲存虛擬旅遊照的資料夾，然後按【新增此資料夾到圖片】

③ 匯入的所有照片，都會放在【集錦】標籤下

🎯 新增相簿

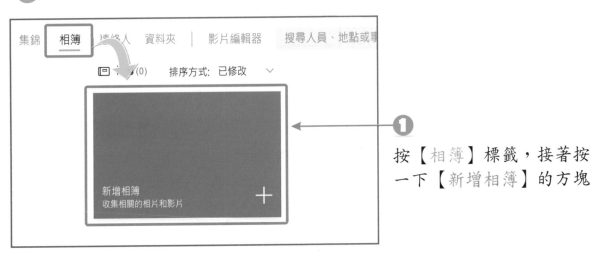

① 按【相簿】標籤，接著按
一下【新增相簿】的方塊

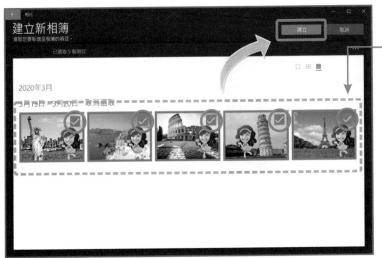

② 勾選所有虛擬旅遊照片
(複選)，接著按【建立】

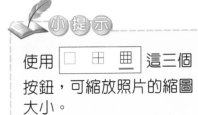

小提示

使用 □ ⊞ 🏢 這三個
按鈕，可縮放照片的縮圖
大小。

③ 相簿新建完成囉！讓我們
按 ✏️ ，修改相簿名稱

小提示

在此會動態輪播，可以預
覽相簿內的照片。

4 輸入想要的名稱,例如
【跟我去旅遊】,然後按
[Enter] 確認

幻燈片秀

1 在預覽畫面上,按右鍵,
點選【幻燈片秀】,就會
以全螢幕播放照片喔!

小提示

想結束幻燈片秀,按一下
[Esc] 即可。

老師說

如果想移除相簿中的照片,可以到頁面下方,勾選照片,然後按【從
相簿移除/移除】。

想新增照片到相簿中,可
在【相簿】裡,仿照 P41
3 按 [十 新增相片],點選相
片後,再按【新增】,就
能在相簿中新增照片喔!

◎ 變更封面相片

1 到左上方按  ，回到相簿首頁

2 在相簿縮圖上按右鍵，點選【變更封面相片】

3 勾選想當封面的照片，按【完成】，就可更換相簿封面囉！

◎ 輸出影片

1 點選縮圖，開啟相簿後，按【觀看】，就可以像第 1 課 P18 **5** ～ P20 **5** 般混搭與輸出影片囉！

( ) 1 以下哪個軟體可以幫大頭照去背？

　　1. 記事本　　　　2. PhotoCap　　　3. Audacity

( ) 2 用以下哪個工具可以擦除影像？

　　1. 　　　2. 🖌　　　3. 🕹

( ) 3 以下哪種格式檔案可以儲存透明背景？

　　1. JPG　　　　2. TIFF　　　3. PNG

( ) 4 想匯入外部的影像，要按？

　　1.　　　2.　　　3.

進階練習圖庫　　　鏤空公仔

本書光碟【進階練習圖庫】有很多【鏤空公仔】給你做練習喔！

3 影像魔法師

- 美化相片與影像處理

04我草莓王子

嗚嗚嗚~ 我是母泰山!

我們都是好麻吉

交換日記感情好

本 課 重 點

◎ 美化相片的手法

◎ 多圖組合

◎ 文字的運用

1 美化相片常用手法

拍攝相片時，除了盡量運用小訣竅拍出好相片外，你還可以使用影像處理軟體，對相片做更進一步的美化喔！例如：

加外框與文字

縮圖

拼貼

設計對白

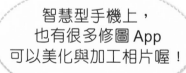

叫我草莓王子

筆刷塗鴉+文字

智慧型手機上，也有很多修圖 App 可以美化與加工相片喔！

用外框美化相片

用【外框】來美化相片，既快速又簡便！幾個簡單步驟，就可以讓相片變得更漂亮喔！讓我們選一張麻吉合照，加上外框、插入公仔與標題，完成美麗又獨特的影像吧！

◎ 加外框

❶ 啟動 PhotoCap，載入老師指定檔案【01.png】

❷ 按 🖼 【加外框】

這節示範的外框，須要【下載與安裝素材包】，才會有喔！你可以開啟教學影片來學習。在這裡：＿＿＿＿＿＿＿＿＿＿＿＿＿

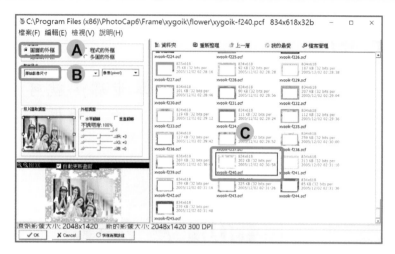

3

接著做以下設定：

A 點選【圖面的外框】

B 點選【原始影像尺寸】

C 點選你喜歡的外框

> 點選【圖面的外框】，再
> 按 🗂 資料夾 ，選擇路徑到
> 自己存放外框的位置，就
> 能夠插入自己準備的圖片
> 邊框喔！

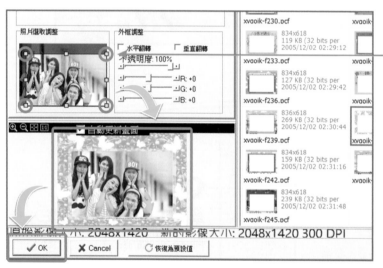

4

拖曳選取框角落的 □ ，調
整相片顯示的大小與位置
，約如圖示

然後按【OK】

5

加上外框的相片，變得更
漂亮啦！

> 接著讓我們插入
> 第 2 課完成的
> 公仔吧！

插入公仔

① 按 ⬚，插入第 2 課完成的個人公仔

小提示

插入外部影像物件，這在第 2 課就學過囉！

② 拖曳公仔到右下角、並等比例放大，約如圖示

小提示

直接拖曳控點，就可以等比例縮放喔！

③ 接著快速點兩下公仔，開啟影像物件屬性設定視窗

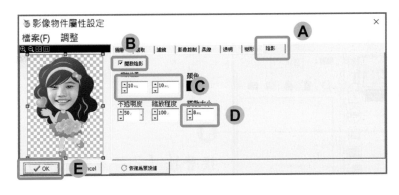

④ 設定陰影效果：

Ⓐ 按【陰影】標籤

Ⓑ 勾選【開啟陰影】

Ⓒ 相對位置都輸入【10】

Ⓓ 擴散大小輸入【8】

Ⓔ 按【OK】

加入文字

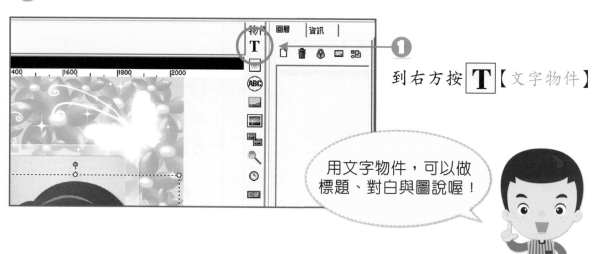

① 到右方按 **T**【文字物件】

用文字物件，可以做標題、對白與圖說喔！

② 點選 **文字** 樣式

小提示

若出現的樣式選擇視窗只顯示一列，就拖曳左框線，加大視窗。

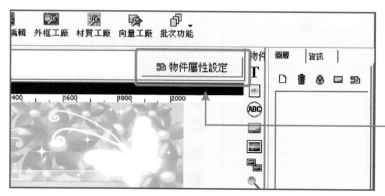

③ 接著按【物件屬性設定】

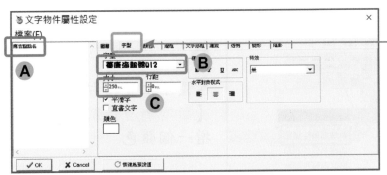

4 按【字型】標籤，設定：

Ⓐ 輸入文字：麻吉點點名

Ⓑ 字型 - 華康海報體 W12

Ⓒ 大小 - 250

🎯 自訂文字漸層色

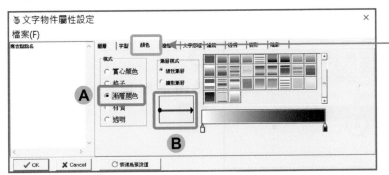

1 按【顏色】標籤，設定：

Ⓐ 點選【漸層顏色】

Ⓑ 拖曳調整漸層起點、終點如圖示 (水平向右)

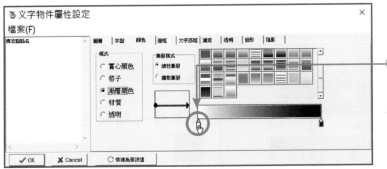

2 點兩下起點色，開啟色彩設定視窗

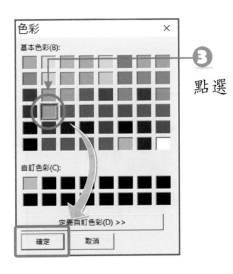

3 點選 ▢ ，按【確定】

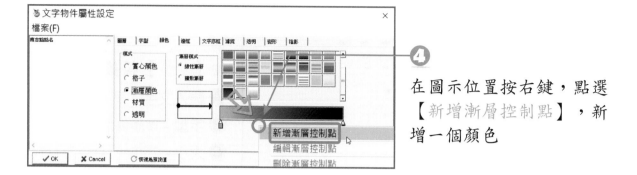

在圖示位置按右鍵，點選
【新增漸層控制點】，新
增一個顏色

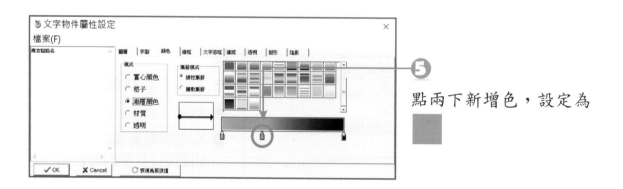

點兩下新增色，設定為

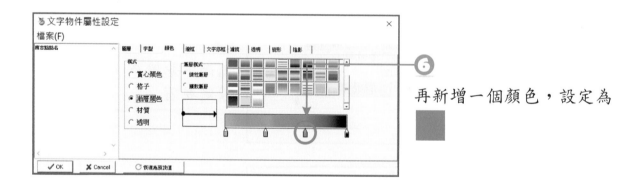

再新增一個顏色，設定為

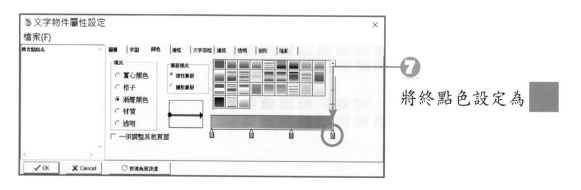

將終點色設定為

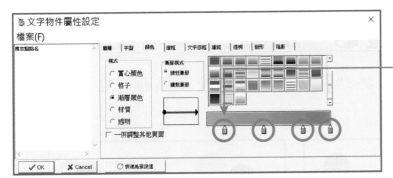

有需要的話，可以拖曳調
整一下顏色的位置

設定文字邊框與陰影

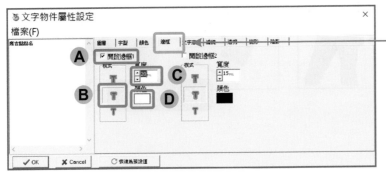

1

按【邊框】標籤，設定：

Ⓐ 勾選【開啟邊框1】

Ⓑ 點選 Ｔ 模式

Ⓒ 寬度 - 20

Ⓓ 顏色 - ☐ (白色)

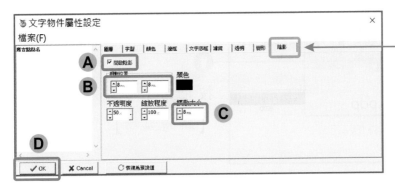

2

按【陰影】標籤，設定：

Ⓐ 勾選【開啟陰影】

Ⓑ 相對位置都輸入【8】

Ⓒ 擴散大小輸入【8】

Ⓓ 按【OK】

3

調整一下位置 (也可以稍
微縮放一下大小喔！)

最後按【檔案 / 另存影像】
，先儲存一份專案、再儲
存一份 PNG 檔案吧！

讓影像更豐富 - 縮圖頁與拼貼

使用【縮圖頁】與【照片拼貼】功能，可以使多張相片在同一張影像中呈現！感覺超豐富！

縮圖頁

照片拼貼

◎ 製作縮圖頁

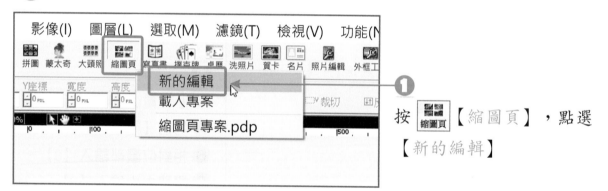

① 按 【縮圖頁】，點選【新的編輯】

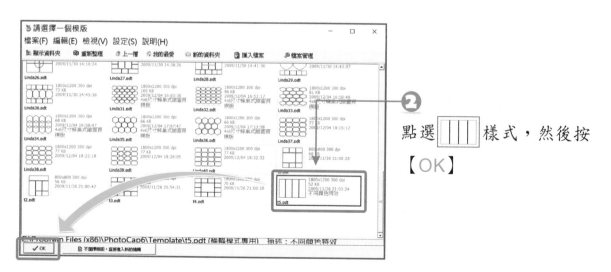

② 點選 ▯▯▯ 樣式，然後按【OK】

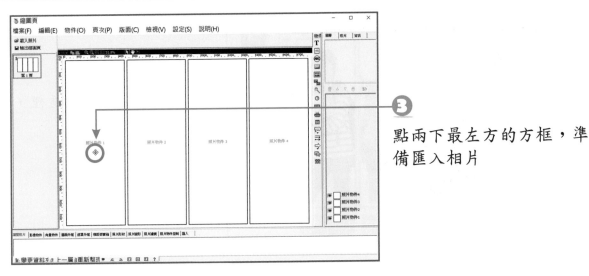

③ 點兩下最左方的方框，準備匯入相片

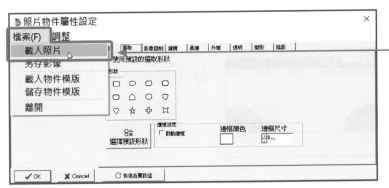

④ 按【檔案 / 載入照片】，然後匯入老師指定的檔案 (02.png)

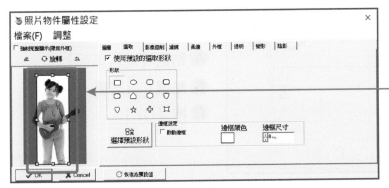

⑤ 調整相片要顯示的大小與區域

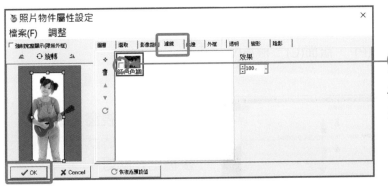

⑥ 按【濾鏡】標籤，取消勾選濾鏡效果，再按【OK】

7

接著陸續在其他方框裡，匯入相片吧！

(03.png ~ 05.png)

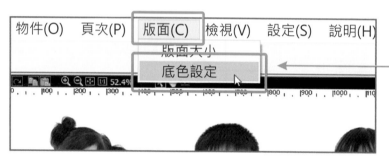

8

按【版面 / 底色設定】

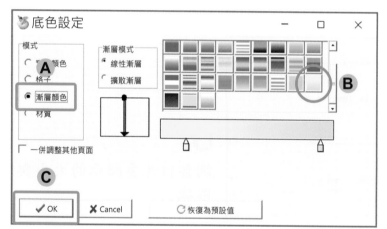

9

設定漸層底色：

Ⓐ 點選【漸層顏色】

Ⓑ 點選 ☐ 漸層

Ⓒ 按【OK】

◎ 輸出縮圖頁

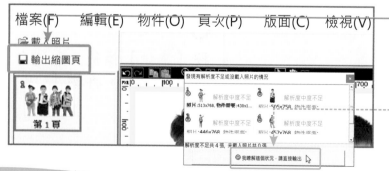

❶

按【輸出縮圖頁】

若出現這個視窗，直接按【我瞭解這個狀況，請直接輸出】就好！

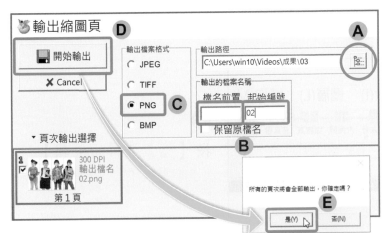

② 設定：

Ⓐ 按 指定儲存資料夾

Ⓑ 刪除【檔名前置】的【P】
　　【起始編號】輸入【02】

Ⓒ 格式點選【PNG】

Ⓓ 按【開始輸出】

Ⓔ 按【是】

哇！
一張圖就可以
呈現很多相片！

老師說

儲存縮圖頁專案檔

在縮圖頁編輯視窗上，按【檔案 /
儲存專案】，即可將成果儲存成
專案檔(.pdp 格式)，以便隨時開
啟來編修。

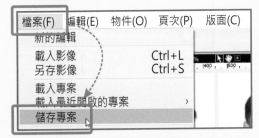

開啟縮圖頁專案檔

在主視窗上，到【縮圖頁】按【載入
專案】，點選開啟縮圖頁專案檔，來
編修。

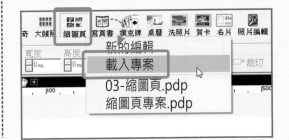

製作拼貼

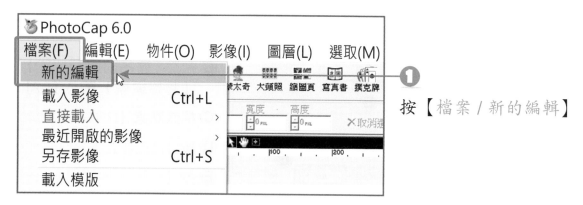

按【檔案 / 新的編輯】

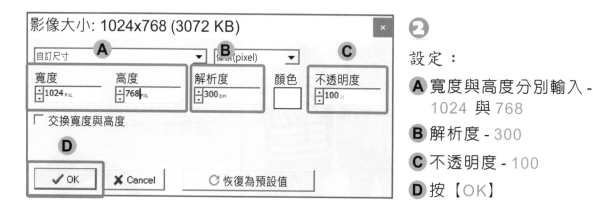

設定：

A 寬度與高度分別輸入 - 1024 與 768

B 解析度 - 300

C 不透明度 - 100

D 按【OK】

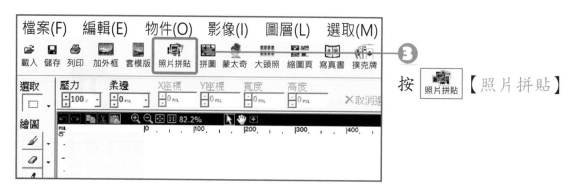

按 【照片拼貼】

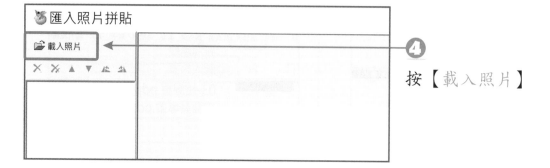

按【載入照片】

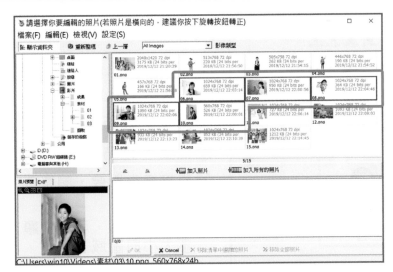

❺

開啟老師指定資料夾，然後按住 Ctrl ，連續點選【06.png】~【10.png】

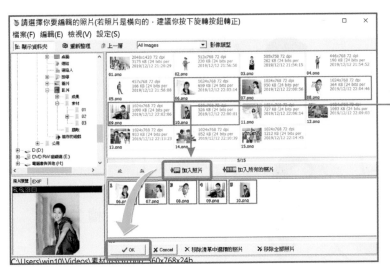

❻

按【加入照片】，再按【OK】

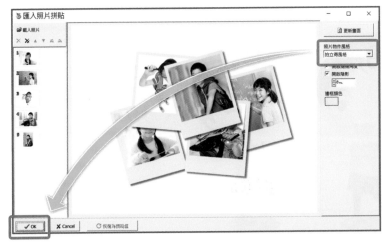

❼

風格點選【拍立得風格】，然後按【OK】

> 因排列方式與角度是隨機的，若你目前的成果與圖示不同，也沒關係！繼續往下做，並不影響練習！

⑧

陸續點選每張影像的圖層，可做以下設定：

Ⓐ 拖曳 ○ 控點，縮放影像

Ⓑ 拖曳 ● 控點，旋轉影像

Ⓒ 直接拖曳影像，調整位置

Ⓓ 點兩下照片，可調整顯示大小與區域

⑨

接著按 ⬚，加入兩朵花當裝飾

最後按【檔案 / 另存影像】，先儲存一份專案、再儲存一份 PNG 檔案吧！

時髦又豐富！

耶！
又學會一種讓影像更豐富的好方法了！

讓影像來說話－設計對白

搭配影像氣氛或人物的表情動作，加入生動有趣的文字，更能讓人融入其中，彷彿影像正在跟你說話、整個都鮮活起來了！

❶ 載入【11.png】

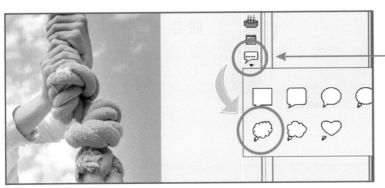

❷ 按 ⬚【對話框物件】，
點選 ⬚

❸
縮放與移動泡泡端點：
Ⓐ 拖曳 ○ 縮放大小
(拖曳泡泡，可移動位置)
Ⓑ 拖曳 ○ 移動端點靠近人物

④

點兩下對話框物件，設定底色、線段與陰影 (約如圖示)

⑤

按 **T**【文字物件】，點選樣式後，製作一個如圖示的文字

最後先儲存一個專案，再儲存一個 PNG 檔案吧！

老師說

在【物件屬性設定】中，你還可以設計出更多文字效果！例如：

我的麻吉

模糊邊框

我的麻吉

雙層邊框

我的麻吉

漸層填色

我的麻吉

格子模式填色

讓影像更有趣 - 筆刷塗鴉

運用想像力，簡單幾筆，就可以在影像上畫出令人驚喜的效果喔！
讓我們來塗鴉吧！

① 載入【12.png】，然後

按 右方下拉方塊，點

選 【蠟筆】

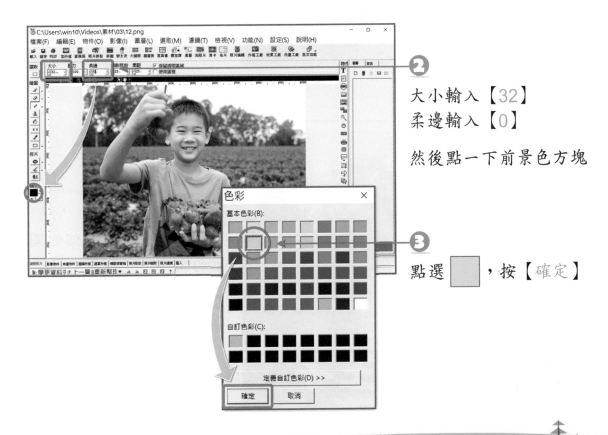

② 大小輸入【32】
柔邊輸入【0】

然後點一下前景色方塊

③ 點選 ，按【確定】

④ 到頭上畫一個王冠

⑤

變換顏色，到王冠上點三顆珠寶，然後再換顏色，畫代表手與頭晃動的線段

⑥

按 **T**【文字物件】，點選樣式後，製作一個如圖示的文字

最後先儲存一個專案，再儲存一個 PNG 檔案吧！

6 批次處理影像 - 自動套遮罩

使用【批次功能】，就可以一次為很多相片加上各式外框，像是圖面、遮罩...等外框，非常省時省力喔！

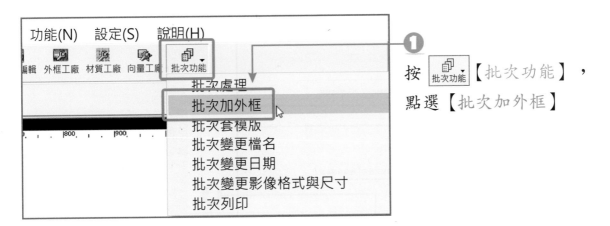

① 按 【批次功能】，點選【批次加外框】

② 按【載入影像 / 載入檔案至清單中】

③ 開啟老師指定資料夾，然後按住 [Ctrl]，連續點選【13.png】～【15.png】

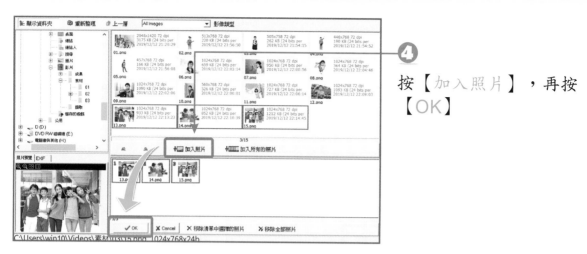

按【加入照片】，再按
【OK】

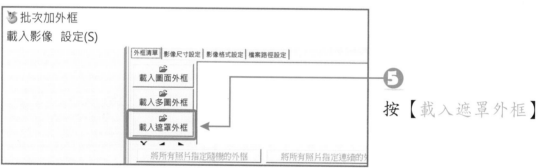

按【載入遮罩外框】

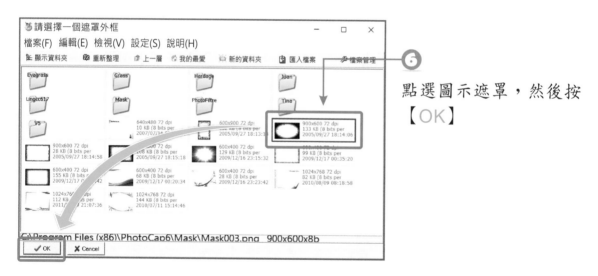

點選圖示遮罩，然後按
【OK】

老師說

你也可以陸續加入多個外框，讓所有照片用隨機或連續的方式套用喔！

將所有照片指定隨機的外框	將所有照片指定連續的外框

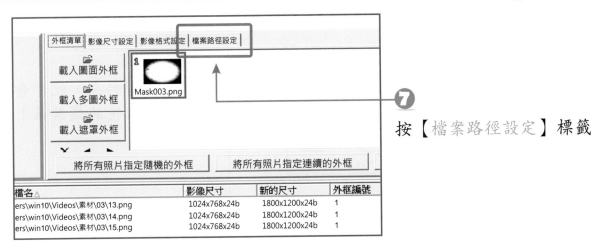

按【檔案路徑設定】標籤

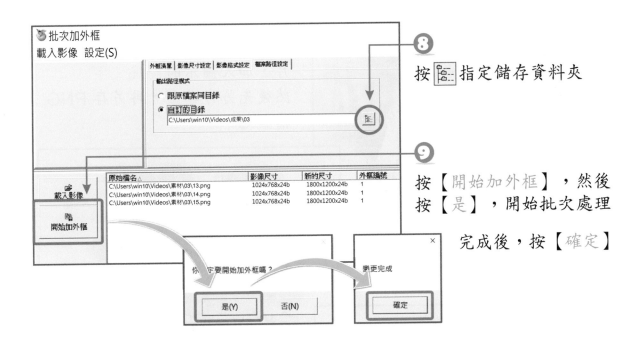

按 指定儲存資料夾

按【開始加外框】，然後
按【是】，開始批次處理

完成後，按【確定】

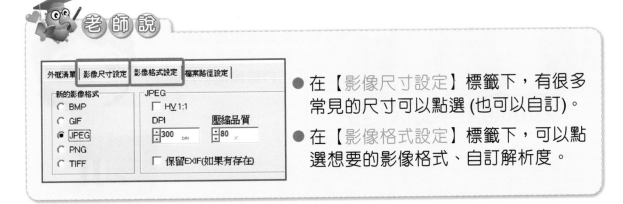

老師說

● 在【影像尺寸設定】標籤下，有很多
常見的尺寸可以點選(也可以自訂)。

● 在【影像格式設定】標籤下，可以點
選想要的影像格式、自訂解析度。

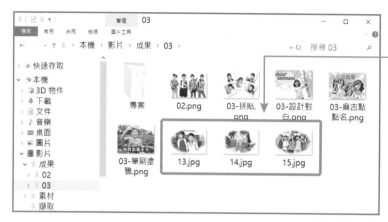

❿ 開啟儲存資料夾，就會看到批次處理後的檔案囉！

🎯 加入圖說文字

❶ 最後再陸續載入批次處理後的圖片，加入圖示的 圖說文字
然後先另存 專案，再另存 PNG 檔案吧！

本課練習的成果，我們會在第 4 課，將它們編輯成影片喔！

我 是 高 手 美化自己的麻吉相片

收集好麻吉的相片，試著美化它們吧！完成越多，加分越多喔！

 懂 更 多 拍出有趣的相片

攝影的時候，運用【連拍】、【與場景的互動】、或是使用手機的相片 App 加以美化、特效...等技巧，可以拍出非常有趣的相片喔！例如：

 練功囉

（　）**1** 以下哪個方法可以讓很多相片組合在一張影像上？

　　　 1. 套模版　　　　　 2. 縮圖頁　　　　　 3. 加外框

（　）**2** 在文字屬性視窗中，設定漸層色，要按哪個標籤？

　　　 1. 顏色　　　　　 2. 字型　　　　　 3. 邊框

（　）**3** 用以下哪個工具可以在相片上塗鴉？

　　　 1. 　　　　 2. 　　　　 3.

（　）**4** 想一次為很多相片加外框，要用哪個功能？

　　　 1. 照片拼貼　　　　　 2. 寫真書　　　　　 3. 批次處理

進階練習圖庫　　　外框

本書光碟【進階練習圖庫】有很多【外框】給你做練習喔！

4 麻吉點點名

- Windows 內建「相片」編輯器

麻吉們，集合囉！

1 影片主題與腳本

2 認識操作介面

3 新建影片專案與匯入素材

4 設定影格播放時間

5 製作影片前言

6 設定背景音樂

我是高手 - 做出你的麻吉秀

本課重點

◎ 編排影格順序
◎ 設定影格時間
◎ 設定背景音樂

影片主題與腳本

這一課讓我們使用第 3 課美化過的相片，製作一支麻吉們的寫真秀 -【麻吉點點名】吧！

鏡次	畫面	素材	秒數	聲音
1		01.png	4	
2		軟體內製作	3	
3		02.png	4	
4		03.png	4	
5		04.png	4	軟體內建音樂
6		05.png	4	
7		06.png	4	
8		07.png	4	
9		08.png	7	

② 認識操作介面

用【相片】軟體，除了可以自動產生影片，當然也可以自己編輯喔！練習之前，讓我們先看看它的操作介面吧！

1	標題列	顯示專案名稱，按 ✐ 可修改檔名；按左方【影片編輯器】可到專案列表
2	復原與重做	按 ↺ 復原上個動作；按 ↻ 重做下個動作
3	聲音、輸出與其它	最常用的是選取內建音樂、自訂音訊與輸出影片
4	專案媒體櫃	顯示匯入的素材
5	影片預覽區	預覽目前編輯的成果；拖曳 ○ 檢視畫面或設定播放點；按 ▷ 播放、按 ‖ 暫停；按 ↗ 全螢幕播放
6	分鏡腳本區	也可稱為【時間軸】，在此編輯圖片與視訊的播放順序、時間，與插入文字、3D 效果...等等

新建影片專案與匯入素材

要開始編輯影片囉！讓我們新增一個名為【麻吉點點名】的專案，
然後將要用的素材都匯進來吧！

建立新的影片專案

①

按【⊞/🖼相片】，啟
動【相片】軟體

②

到右上方，按【新增影片
】點選【新的影片專案】

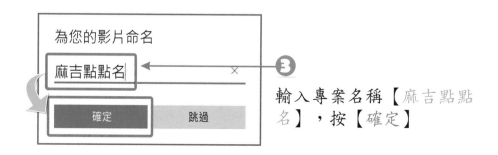

③

輸入專案名稱【麻吉點點
名】，按【確定】

匯入素材

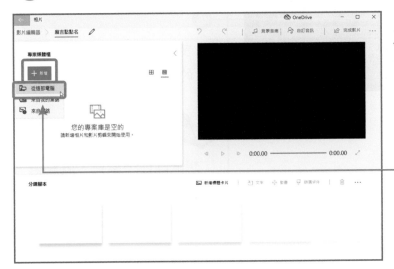

①

按 ，點選【從這部電腦】

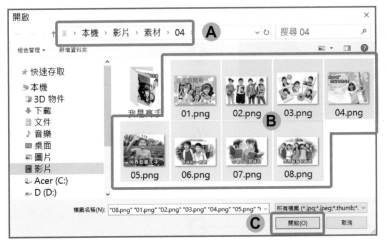

②

選取素材：

A 開啟老師指定資料夾（【影片/素材/04】）

B 按住 Ctrl ，陸續點選【01.png】～【08.png】這八張圖片

C 按【開啟】

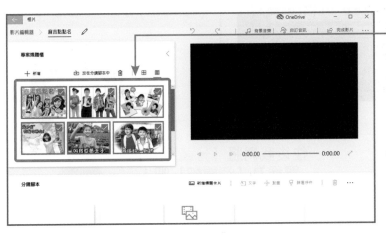

③

素材成功匯入到專案的【媒體櫃】中

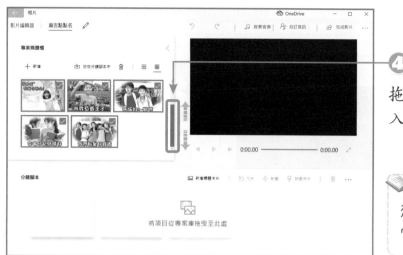

④ 拖曳捲軸，可瀏覽所有匯入的素材

小提示

想刪除任一素材，就點選它，再按 [Delete] 即可。

🎯 將素材拖曳入【分鏡腳本】(時間軸)

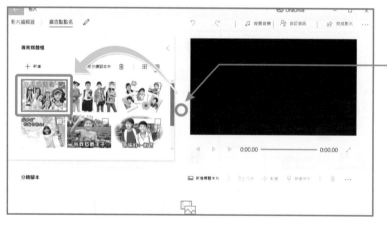

① 在空白處點一下，取消全選後，再點選第 1 張圖片 (01.png)

② 拖曳圖片到【分鏡腳本】(時間軸)的第一個影格

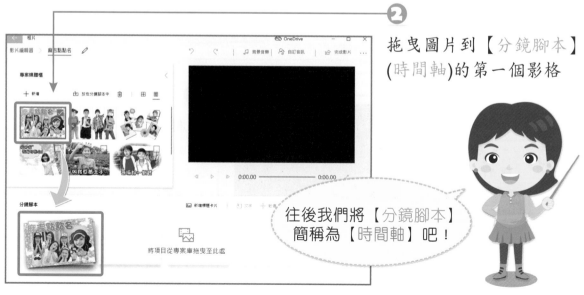

往後我們將【分鏡腳本】簡稱為【時間軸】吧！

3 依序拖曳【02.png】~【05.png】到時間軸上

若因視窗大小所限，此時時間軸，可能看起來好像已被填滿

4 拖曳【06.png】到最後一個影格後面，就會新增一個影格來放置圖片

小提示

想刪除任一影格，就點選它，再按 Delete 即可。

5 使用以上技巧，依序拖曳【07.png】與【08.png】到時間軸吧！

小提示

影片會按照影格的順序，依序播放影格上的素材。

4 設定影格播放時間

素材們都按照順序放到影格上囉！接著來設定每張照片，在播放時的畫面停留時間吧！

一次設定所有影格時間

① 點選任一影格，再按 Ctrl + A 全選

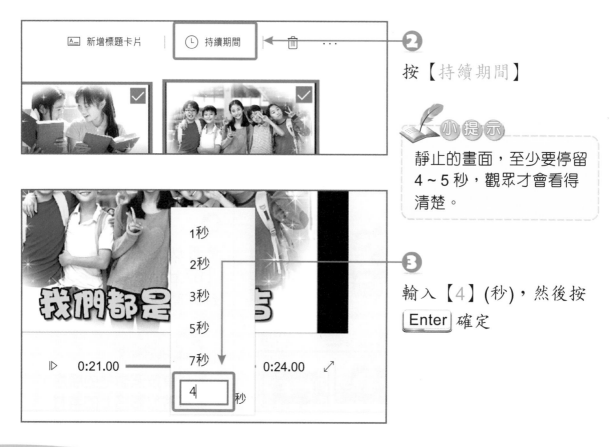

② 按【持續期間】

小提示

靜止的畫面，至少要停留 4～5秒，觀眾才會看得清楚。

③ 輸入【4】(秒)，然後按 Enter 確定

設定個別影格時間

1

在空白處點一下，取消全選後，點選最後一個影格 (08.png)

接著按【持續期間】

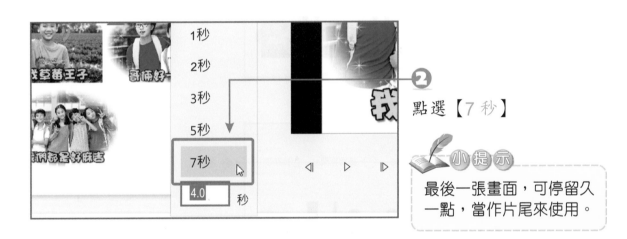

2

點選【7 秒】

小提示

最後一張畫面，可停留久一點，當作片尾來使用。

3

讓我們預覽一下影片吧：

Ⓐ 拖曳 ○ 到最左方

Ⓑ 按一下 ▷，即可從頭播放囉！

⑤ 製作影片前言

在片頭後面，加入一張【前言】，可讓觀眾更加了解影片的主題。讓我們用一段俏皮的話，來當作前言吧！

◎ 新增【標題卡片】

❶ 拖曳時間軸的捲軸到最左方，然後點選第 1 個影格 (01.png)

❷ 按【新增標題卡片】

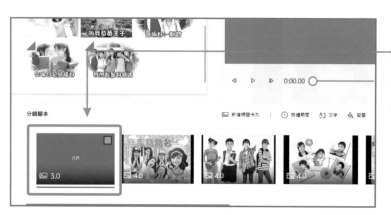

❸ 在選取的影格前方，會出現一個新影格

設定背景色

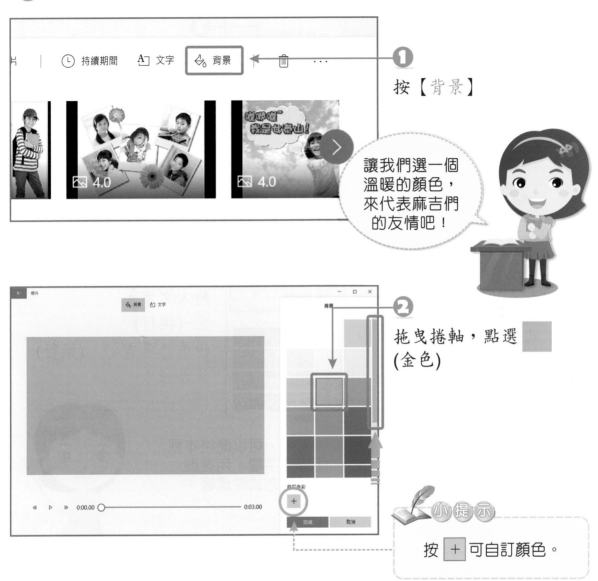

① 按【背景】

讓我們選一個溫暖的顏色，來代表麻吉們的友情吧！

② 拖曳捲軸，點選 ▨ (金色)

小提示

按 + 可自訂顏色。

輸入文字

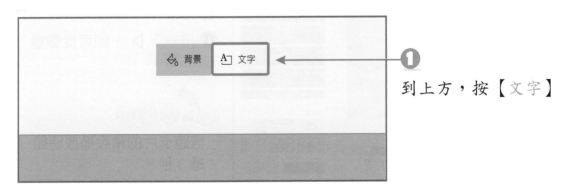

① 到上方，按【文字】

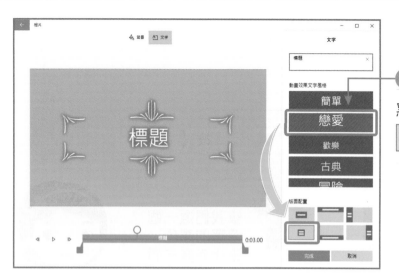

點選【戀愛】風格、點選 ☐ 配置

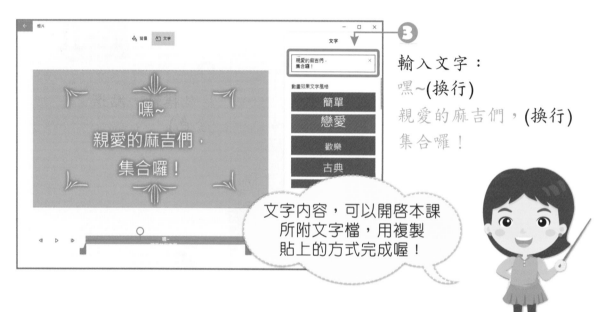

輸入文字：

嘿~(換行)

親愛的麻吉們，(換行)

集合囉！

文字內容，可以開啟本課
所附文字檔，用複製
貼上的方式完成喔！

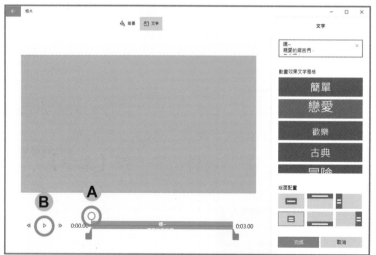

預覽效果：

Ⓐ 拖曳 ◯ 到最左方

Ⓑ 按一下 ▷，即可從頭播
放囉！

小提示

標題卡片的預設播放時間
是 3 秒。

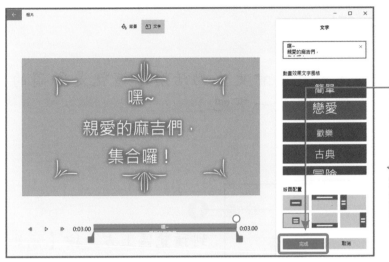

按【完成】

小提示

藍色的橫桿，就是文字效果作用的時間。

調整影格順序

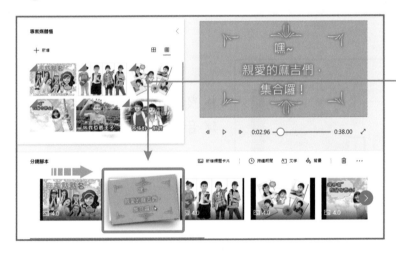

拖曳標題卡片影格到第2個影格(01.png)後面

小提示

用拖曳的方法，就可以任意調整影格的順序喔！

2

預覽影片：

Ⓐ 拖曳 ○ 到最左方

Ⓑ 按一下 ▷，即可從頭播放囉！

6 設定背景音樂

有了畫面，當然還要有音樂，影片才會更生動活潑！這就是所謂的
【聲光效果】喔！接著讓我們來設定一下吧！

◎ 加入內建背景音樂

1 到預覽區上方，按【背景音樂】

2 拖曳捲軸，可預覽所有內建音樂

3 按一下曲目前方的 ▷，可試聽音樂

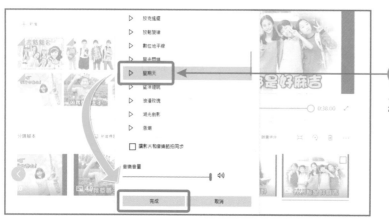

4 點選【星期天】，然後按【完成】

❺

預覽影片：

Ⓐ 拖曳 ◯ 到最左方

Ⓑ 按一下 ▷ ，即可從頭播放囉！

加入音樂，
簡直就是一支 MV 嘛！

🎯 輸出影片

❶

到右上方按【完成影片】

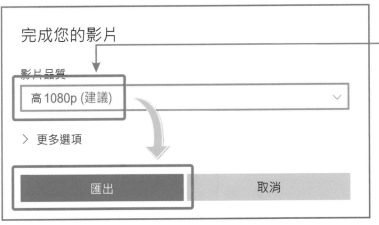

❷

影片品質點選【高 1080p】
，按【匯出】

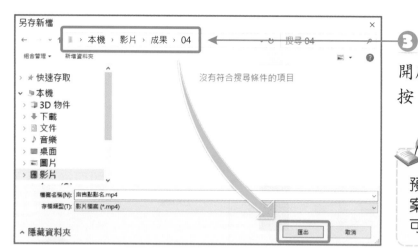

開啟儲存資料夾後，直接按【匯出】

輸出完成後，會自動以電腦預設軟體播放影片喔！

咦？我要怎麼【儲存】專案啊？

檢視專案與開啟專案

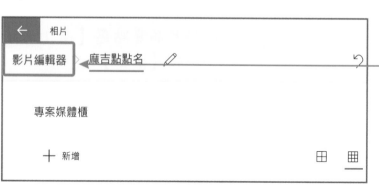

到畫面左上方，點選【影片編輯器】，回到專案清單頁面

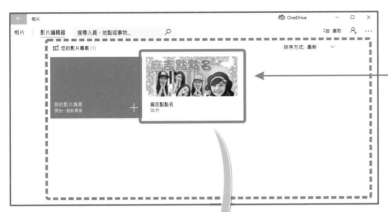

② 你所建立的影片專案都會列在這裡

按一下專案縮圖，就可以開啟專案，繼續編修喔！

【相片】軟體會自動幫你儲存專案，不用特地再儲存喔！

如果想把專案帶到另一台電腦上開啟與編修，可以參考教學影片 (備份與匯入專案) 喔！

老師說

啟動【相片】軟體後，在【集錦】標籤下，也會顯示你曾匯入過的圖片。

這些圖片千萬不要隨意刪除，以免在開啟專案時，因找不到連結，導致影片無法繼續編修！

我是高手　做出你的麻吉秀

整理一下第 3 課【我是高手】完成的成果，依照你設想的腳本，做出自己的麻吉秀吧！(完成後，還可以跟麻吉們互相觀摩一下喔！)

 練功囉

( )1 設定影格的【持續期間】，是什麼意思？

1.轉場時間　　　2.預覽時間　　　3.畫面停留時間

( )2 在【相片】軟體中，想修改專案名稱，要按哪一個按鈕？

1. ↗　　　2. ✏　　　3. ‖

( )3 想要調整影格順序，該怎麼做？

1.直接拖曳　　2.先刪除再插入　　3.無法調整

( )4 所建立的影片專案，要到哪裡去找？

1.相簿　　　2.資料夾　　　3.影片編輯器

5 音樂 Do Re Mi

- 下載與剪輯音樂

本課重點

◎ 學會下載音樂

◎ 學會剪輯音樂

1 網路上的免費音樂

2 從 YouTube 下載音樂

3 剪輯音樂的軟體 - Audacity

4 剪輯與設定音樂

我是高手 - 用 Audacity 錄音

懂更多 - 下載 YouTube 無版權音樂

網路上的免費音樂

編輯影片時，常常苦於無音樂可用嗎？那就上網下載合法又免費的音樂吧！

注意！從網路上下載音樂，一定要尊重智慧財產權，絕對不可有侵權行為。

② 從 YouTube 下載音樂

在【YouTube】上，除了有超多影片可以欣賞，還提供合法免費的音樂給大家使用喔！來學習怎麼搜尋與下載吧！

◎ 登入與開啟 YouTube 工作室

1

開啟【YouTube】首頁 (https://www.youtube.com)，然後按【登入】

接著用你的 Google 帳號登入

2

成功登入後，按一下帳號圖示，點選【YouTube 工作室】

3

第一次開啟工作室，需按一下【建立頻道】，同意服務條款

開啓【音效庫】與搜尋音樂

① 到左方選單，按 🎵【音效庫】

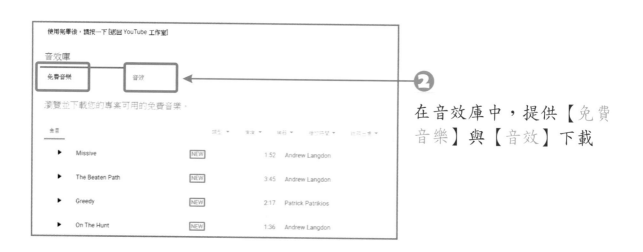

② 在音效庫中，提供【免費音樂】與【音效】下載

③

挑選類型、情境與出處：

Ⓐ 類型 - 兒童

Ⓑ 情境 - 開心

Ⓒ 註明出處 - 不需註明出處

④

瀏覽曲目與試聽：

Ⓐ 拖曳清單捲軸，瀏覽所有搜尋到的曲目

Ⓑ 找到並按一下【Rodeo_ Show】的 ▶，試聽一下

⑤

按一下音樂右方的 ⬇️，執行下載

🖋️ 小提示

預設的儲存資料夾是【本機/下載】。

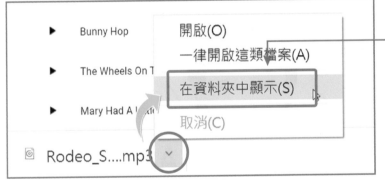

⑥

下載完成，到左下方，按檔名的下拉方塊，點選【在資料夾中顯示】

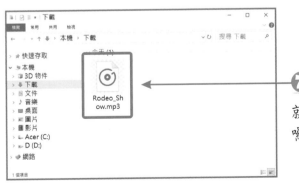

⑦

就會看到下載的音樂檔案囉！

3 剪輯音樂的軟體 - Audacity

下載的音樂，常常也需要剪輯一下，才能符合編輯影片時的需求。這時候就要靠剪輯軟體的幫忙囉！

◎ 何時需要剪輯音樂

- ▶ 長度太長 (檔案太大)
- ▶ 音量太大或太小
- ▶ 音樂的某部分有雜音
- ▶ 只需要音樂中的某段旋律
- ▶ 明確知道影片需要多長的音樂

要用什麼軟體來剪輯呢？會不會很難啊？

用免費又好操作的 Audacity 就可以囉！

Audacity

 老師說

常見的聲音 (音樂) 格式有【WAV】、【MP3】、【WMA】....。

種 類	簡 介	檔案大小	音 質
WAV	完全不壓縮，音質不失真	大	最好
MP3	壓縮的聲音，是目前最常見的音樂格式	小	佳
WMA	壓縮的聲音，可播放 WMA 的數位產品較少	小	普通

認識【Audacity】操作介面

【Audacity】既免費又簡單好用！讓我們來認識一下操作介面吧！

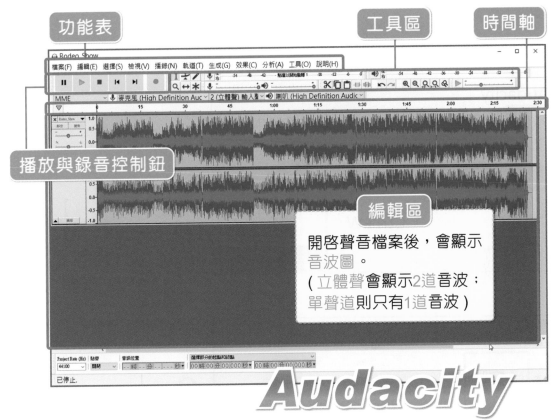

開啟聲音檔案後，會顯示音波圖。
(立體聲會顯示2道音波；單聲道則只有1道音波)

老師說

第一次啟動【Audacity】時，如果介面是簡體中文，請按照以下步驟更改為繁體中文。

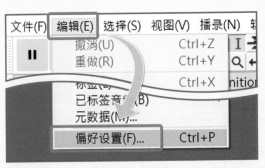

❶ 按【編輯／偏好設置】。

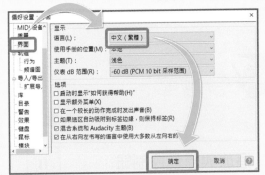

❷ 點選【界面】項目，語言點選【中文(繁體)】，然後按【確定】。

剪輯與設定音樂

讓我們開啟第二節從 YouTube 下載的音樂，練習剪輯與設定吧！

◎ 開啟音樂檔案

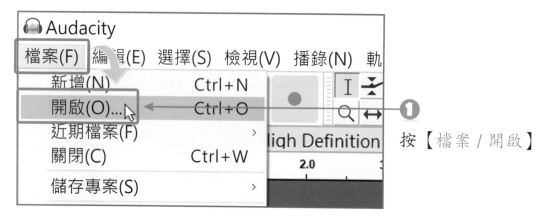

❶ 按【檔案 / 開啟】

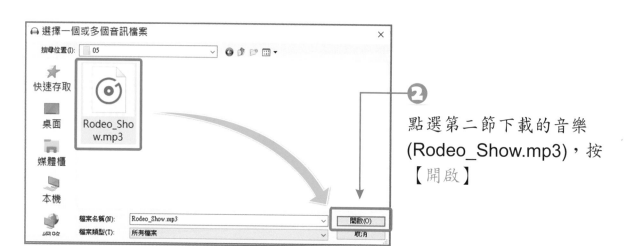

❷ 點選第二節下載的音樂 (Rodeo_Show.mp3)，按 【開啟】

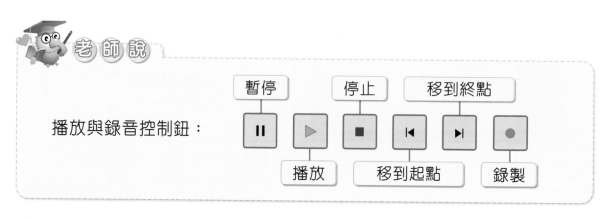

老師說

播放與錄音控制鈕：

暫停　停止　移到終點

播放　移到起點　錄製

音量正規化

設定【正規化】，可以將音量自動調整為適當大小，也就是不會太大聲，也不會太小聲。

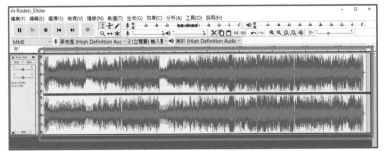

❶ 按 Ctrl + A 全選音波

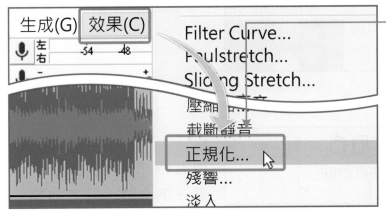

❷ 按【效果/正規化】

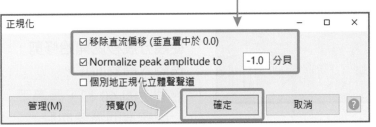

❸ 勾選：
- 移除直流偏移 (校正雜訊)
- Normalize peak amplitude to -1.0 分貝 (控制音量範圍是 -1.0 分貝)

然後按【確定】

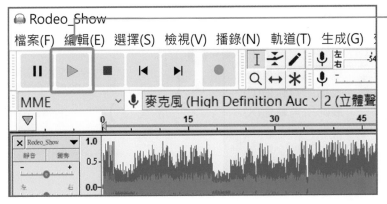

❹ 按 ▷ 聽聽看調整後的音量吧！

 小提示

在時間軸上任一處點一下，可從點選處開始播放。

修剪長度

音樂太長，不僅會佔用硬碟空間，做為素材用在編輯影片時，可能也會不符合實際需要！這時候就要適度修剪一下。

按【檢視 / 縮放 / 放大】

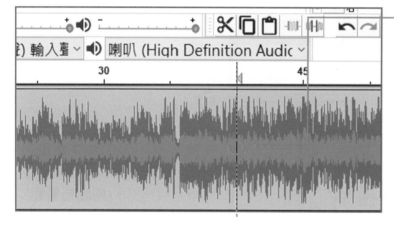

② 到大約 40 秒的音波上，點一下左鍵，設定起點

小提示

從幾分幾秒處開始修剪，視個人需要而定。

這裡定的 40 秒，是為下一課練習的需要而訂。

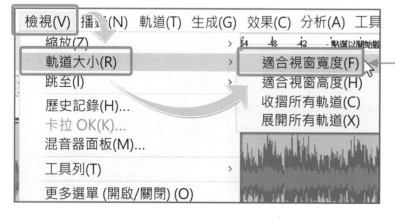

按【檢視 / 軌道大小 / 適合視窗寬度】

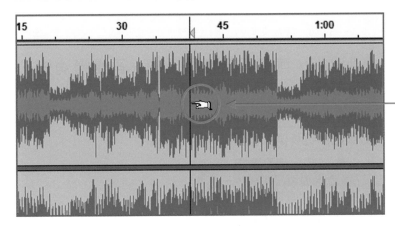

④ 游標移到起點的直線上，直到出現ㄥ符號，接著按住該符號不放

⑤ 向右拖曳到音波最末端，選取音波 (被選取後，選取的部分，底色會變亮)

小提示

游標移到直線右側，會出現ㄥ符號；移到直線左側，會出現ㄥ符號。

按住符號，即可拖曳移動直線，任意改變起點與終點位置。

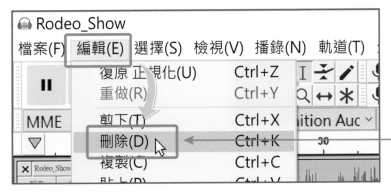

⑥ 按【編輯 / 刪除】

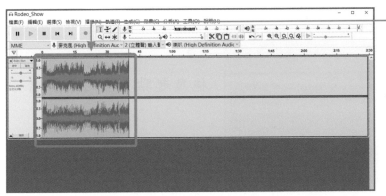

⑦ 音樂變短囉！

小提示

若不滿意修剪結果，可以按 Ctrl + Z，復原後，重新修剪。

淡入淡出

設定音樂使【淡入】與【淡出】，可讓聲音慢慢出現、再慢慢消失，聽起來感覺就會比較自然、舒服！

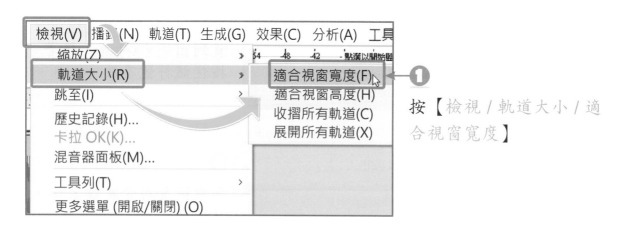

按【檢視 / 軌道大小 / 適合視窗寬度】

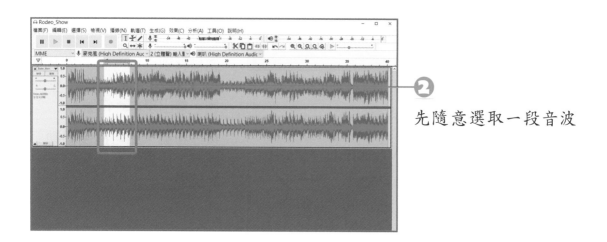

先隨意選取一段音波

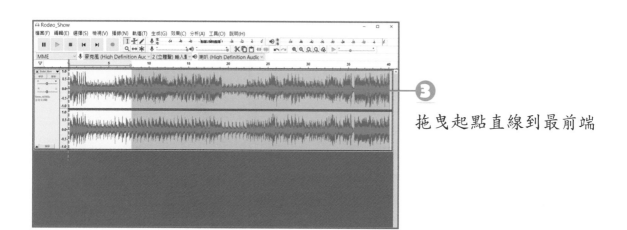

拖曳起點直線到最前端

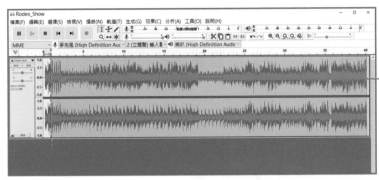

❹ 拖曳終點直線到大約1秒處

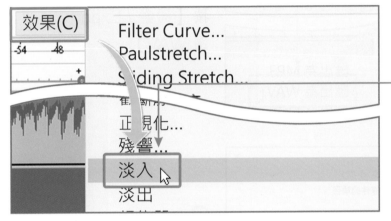

❺ 按【效果/淡入】
(開始時，聲音由小變大)

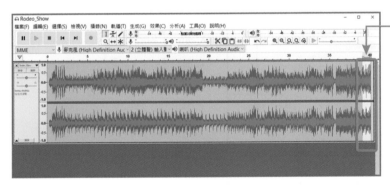

❻ 仿照❷～❹技巧，選取後半段約 39～40 秒的音波

小提示

拖曳選取任何一段音波，按一下 ▷，可以只播放該段音樂喔！

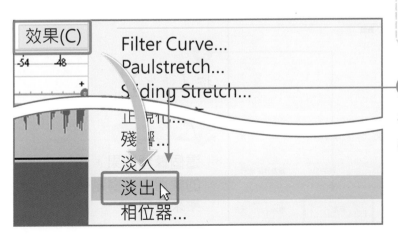

❼ 按【效果/淡出】
(結尾時，聲音漸漸變小)

匯出音樂

音樂剪輯完成後，讓我們將它【匯出】成音質比較不失真的【WAV】格式檔案吧！

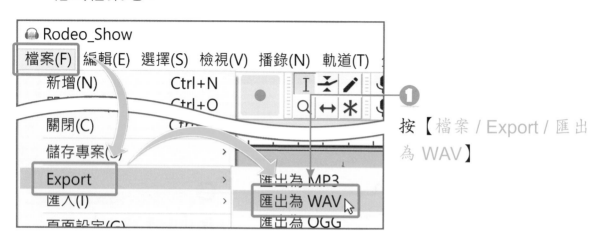

按【檔案 / Export / 匯出為 WAV】

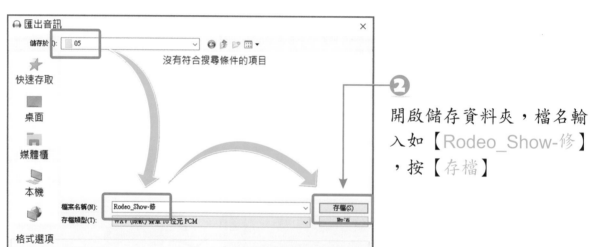

開啟儲存資料夾，檔名輸入如【Rodeo_Show-修】，按【存檔】

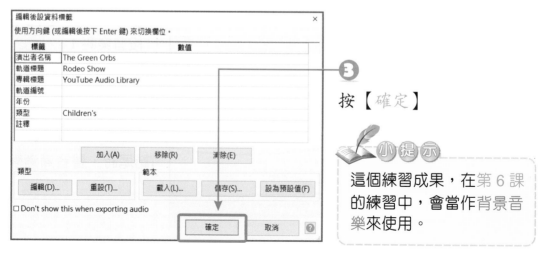

按【確定】

小提示

這個練習成果，在第 6 課的練習中，會當作背景音樂來使用。

我是高手　用 Audacity 錄音

用【Audacity】也可以錄音喔！來試試看吧！

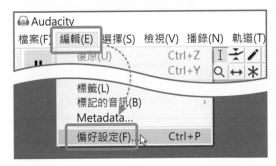

1 按【編輯 / 偏好設定】。

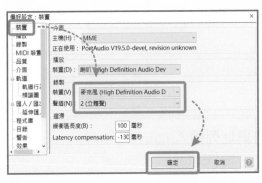

2 按【裝置】選項，錄音裝置點選你的麥克風、聲道點選【2(立體聲)】(雙聲道) 後，按【確定】。

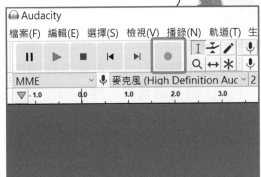

3 按 ● 開始錄音。

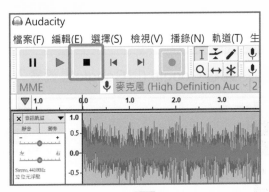

4 錄音完成，按 ■ 停止錄音。

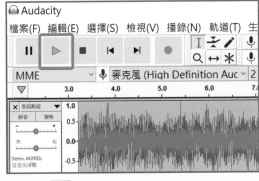

5 按 ▶ 試聽錄製的聲音。

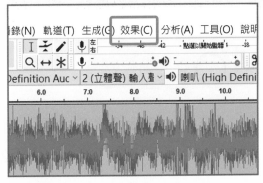

6 接著就可以視需要，做修剪、音量正規化與淡入/淡出效果。

 **懂更多** 下載 jamendo 免費音樂

網路上有些提供【合法免費音樂】喔！來看看怎麼下載吧！

① 網址列輸入 https://www.jamendo.com/ ，按 Enter

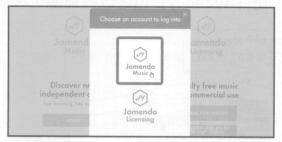

② 點選【Jamendo Music】

③ 點選 **G** Google (以Google帳號登入)

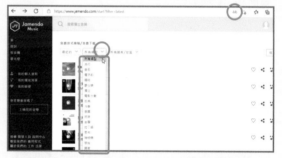

④ 你可以先點選 aあ，將網頁翻譯成中文，再挑選音樂形態、類別

⑤ 點一下音樂縮圖 ▶，就播放音樂；點一下後方的 ⬇，可下載音樂。

 **練功囉**

( ) ① 按哪個按鈕，可以開啟 YouTube 的【音效庫】頁面？

　　1. ▶️　　　　2. ⬇️　　　　3. 🎵

( ) ② 讓音樂慢慢出現的效果，叫做？

　　1. 淡出　　　　2. 淡入　　　　3. 正規化

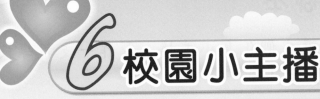

6 校園小主播

－圖片、視訊混合編輯與音效、音樂設定

歡迎收看
我的頻道！

校園小主播

本 課 重 點

◎ 圖片視訊混合編輯

◎ 修剪視訊

◎ 匯入與設定音訊

影片主題與腳本

校園生活多彩多姿！這一課讓我們化身小主播，製作一支報導校園
活動的影片-【校園小主播】吧！

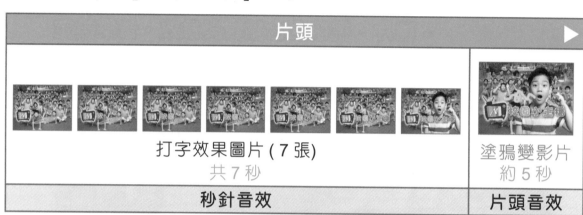

片頭 ▶	
打字效果圖片 (7 張) 共 7 秒	塗鴉變影片 約 5 秒
秒針音效	片頭音效

內容1 ▶		內容2 ▶		內容3 ▶	
籃球比賽 (視訊)	小主播 (相片)	扯鈴 (視訊)	小主播 (相片)	武術表演 (視訊)	小主播 (相片)
7 + 3 秒		5 + 3 秒		7 + 3 秒	
背景音樂					

內容4 ▶			片尾
小主播 (相片)	歌唱表演 (視訊)	長笛表演 (視訊)	片尾圖片
3 + 4 + 4 秒			3 秒
背景音樂			

我們還要
加上字幕喔！

2 相片塗鴉變影片

【相片】軟體有一個神奇的功能：塗鴉就能變影片喔！讓我們使用這個功能，製作一個片頭要用的素材視訊吧！

記得把本課練習用的素材，複製到專用資料夾喔！

(本機 / 影片 / 素材)

◎ 開始塗鴉

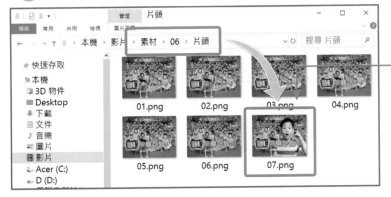

1 開啟老師指定資料夾 (【素材 / 06 / 片頭】)，然後快點兩下【07.png】

2 自動以【相片】軟體開啟圖片

若未自動以【相片】開啟，就在圖片上按右鍵，點選【開啟檔案 / 相片】。

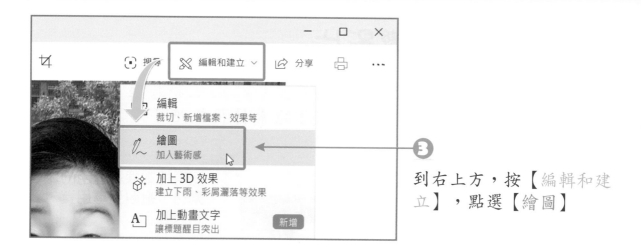

❸ 到右上方，按【編輯和建立】，點選【繪圖】

❹ 按一下 ⬇ 【鋼珠筆】工具，點選 ⬤

⬇	▼	✎	⟋	▣	✕
鋼珠筆	鉛筆	書寫筆	橡皮擦	儲存複本	取消

❺ 再按一下 ⬇，拖曳 ▮ 到最右端，將筆刷設成最大

6 到圖示位置，畫三道線

小提示

不滿意畫的成果，可按一下 ✎【橡皮擦】，擦掉重新再畫喔！

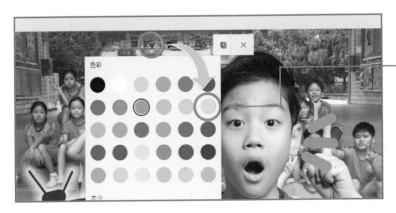

7 按一下 ▽【鋼珠筆】工具，顏色改點選 ●

8 到圖示位置，由右向左，畫一道圖示曲線

小提示

在畫的時候，軟體會自動紀錄畫的筆跡過程，儲存後就會變成影片(動畫)。

儲存成視訊 (影片)

按 【儲存複本】

小提示

這時候,在圖片的原資料夾中,也會自動先產生一個名為【07_LI.jpg】的動畫圖片。

按【分享 / 以影片方式分享】

點選【複製檔案】

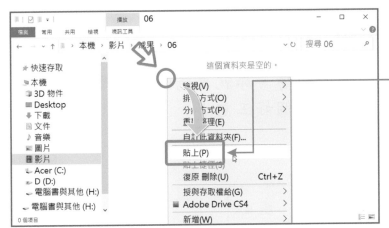

4

開啟儲存資料夾，在空白處按右鍵，點選【貼上】

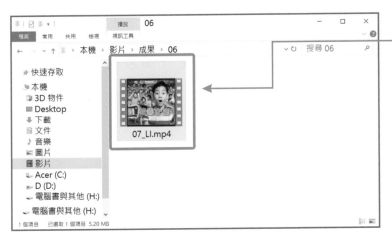

5

塗鴉的圖片，變成影片儲存起來囉 (07_LI.mp4)！點兩下開啟看看！

這個檔案，我們會當作素材，運用到這一課要編輯的影片中。

6

就會用電腦預設軟體 (例如【電影與電視】) 播放影片喔！

小提示

第一次開啟，若沒看清楚影片內容，可再按一次▷播放喔！

3 製作打字效果

有特別的片頭，如果還有別緻的開場，那就更能吸引觀眾的注意力和興趣喔！而【打字效果】可能是個好主意！

新建專案與匯入圖片

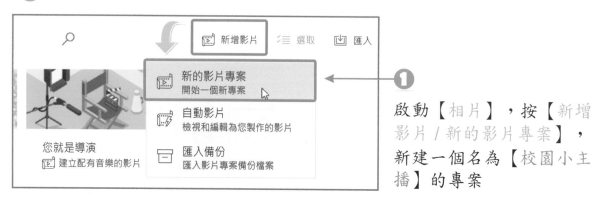

① 啟動【相片】，按【新增影片／新的影片專案】，新建一個名為【校園小主播】的專案

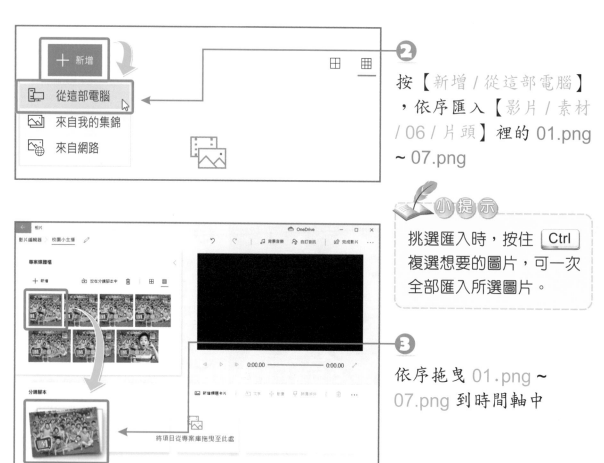

② 按【新增／從這部電腦】，依序匯入【影片／素材／06／片頭】裡的 01.png ～ 07.png

小提示

挑選匯入時，按住 Ctrl 複選想要的圖片，可一次全部匯入所選圖片。

③ 依序拖曳 01.png ～ 07.png 到時間軸中

設定持續期間

以一秒出現一個字(畫面)為原則,那麼7張圖片,就需要用7秒喔!

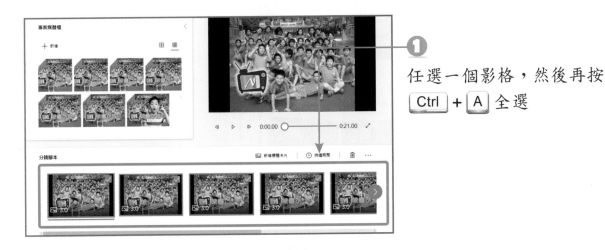

1 任選一個影格,然後再按 Ctrl + A 全選

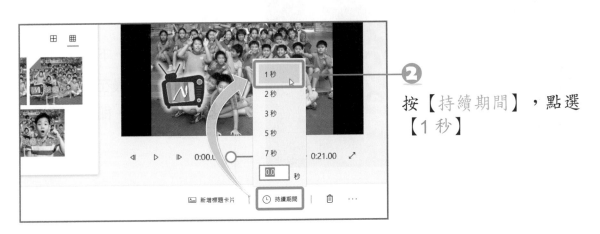

2 按【持續期間】,點選【1秒】

匯入塗鴉變影片的視訊

1 按【新增/從這部電腦】,匯入上一節塗鴉變影片的視訊成果(07_LI.mp4)

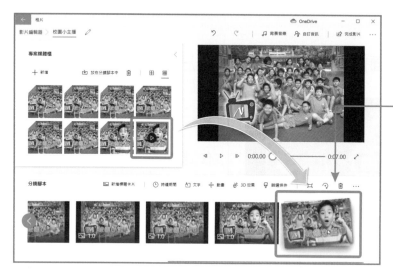

2 將 07_LI.mp4 拖曳到最後一個影格

3

讓我們預覽一下影片吧:

Ⓐ 拖曳 ◯ 到最左方

Ⓑ 按一下 ▷,即可從頭播放囉!

老師說

點選影格,按右鍵,點選【調整大小 / 移除黑邊】,可讓影像充滿畫面喔!

4 加入音訊

打字效果，搭配秒針音效，會有讀秒等待開播的感覺喔！讓我們匯入自備的音效，來設定一下吧！

◎ 匯入秒針音效與編輯

1 到右上方，按【自訂音訊】

2 拖曳 ♀ 到最左方，設定音訊插入點

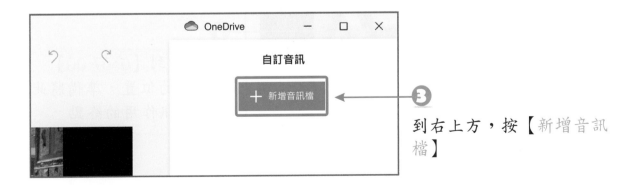

3 到右上方，按【新增音訊檔】

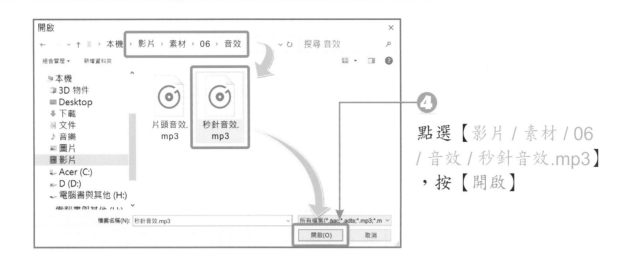

④ 點選【影片 / 素材 / 06 / 音效 / 秒針音效.mp3】，按【開啟】

⑤ 匯入的音訊檔會顯示在此

小提示

匯入後的檔名，可能會顯示【複製】字眼。這不會影響編輯，不須在意。

⑥ 藍色橫桿就是音訊作用的時間

編輯音訊作用時間

這段秒針音效超過 7 秒，讓我們直接在軟體中修剪一下吧！

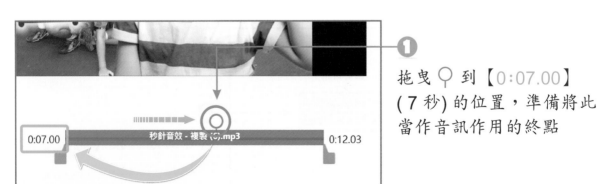

❶ 拖曳 ♀ 到【0:07.00】(7 秒) 的位置，準備將此當作音訊作用的終點

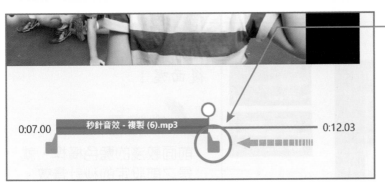

拖曳 到 下方，將作
用時間調整為 7 秒

小提示

- 音效出現起點

- 音效結束終點

匯入片頭音效

開場讀秒過後，讓我們用較具震撼感的音效，來搭配片頭畫面，營造新聞主播台的氣氛吧！

開場與片頭各有自己的音效，讓視覺與聽覺搭配得更巧妙！

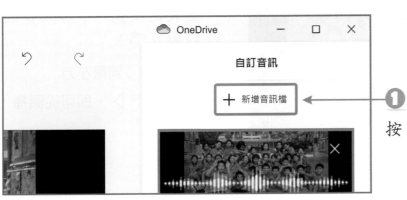

按【新增音訊檔】

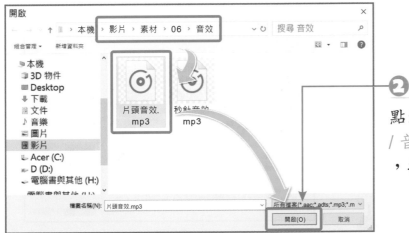

點選【影片 / 素材 / 06 / 音效 / 片頭音效.mp3】，按【開啟】

片頭音效會自動接在 後面喔！

小提示

前面較淺的藍色橫桿，就是之前設定的秒針音效。

4

按【完成】，確定並回到影片編輯畫面

5

讓我們預覽一下加入音效的影片吧：

Ⓐ 拖曳 ◯ 到最左方

Ⓑ 按一下 ▷，即可從頭播放囉！

老師說

在【自訂音訊】視窗中，點一下右方的音訊縮圖，即可在時間軸中看到它所在的位置。

5 修剪視訊與設定靜音

接著要來編排影片(報導)內容囉！讓我們先匯入一段視訊，修剪一下長度，並設定成靜音吧！

1 按【新增 / 從這部電腦】，匯入【影片 / 素材 / 06 / 視訊 / 籃球比賽.mp4】

> 修剪視訊長度，在編輯影片時，是常常要做的事喔！

2 拖曳籃球比賽.mp4 到最後一個影格

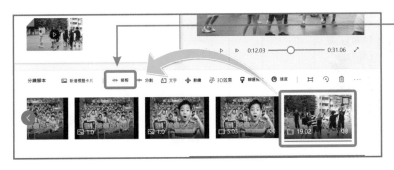

3 在籃球比賽.mp4 視訊影格，按【修剪】

④

拖曳 ▙ 到【0:07.00】的
位置 (7 秒)

小提示

拖曳 ◢，可設定起點
拖曳 ▙，可設定終點

⑤

按【完成】

⑥

到影格右下方，按一下
◁))

⑦

再按一下 ◁))，使其變成
◁× ，視訊就變靜音囉！

小提示

拖曳 ━，可自訂視訊的
音量。

完成其他圖片與視訊影格編輯

報導內容，我們以一段影片搭配一則主播評論為原則。讓我們循序匯入所需素材、編輯一下吧！

❶
匯入【素材 / 06 / 小主播相片 / 01.png】，拖曳到最後，設定為 3 秒

❷
匯入【素材 / 06 / 視訊 / 扯鈴.mp4】，拖曳到最後，修剪為 5 秒、設定靜音

❸
匯入【素材 / 06 / 小主播相片 / 02.png】，拖曳到最後，設定為 3 秒

④ 匯入【素材 / 06 / 視訊 /
武術表演.mp4】，拖曳
到最後，修剪為 7 秒、
設定靜音

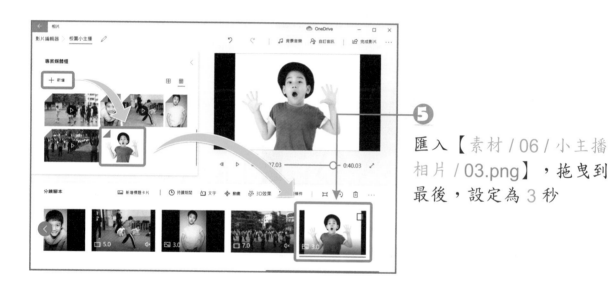

⑤ 匯入【素材 / 06 / 小主播
相片 / 03.png】，拖曳到
最後，設定為 3 秒

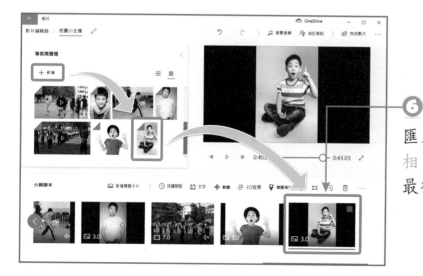

⑥ 匯入【素材 / 06 / 小主播
相片 / 04.png】，拖曳到
最後，設定為 3 秒

7 匯入【素材 / 06 / 視訊 / 歌唱表演.mp4】，拖曳到最後，修剪為 4 秒、設定靜音

8 匯入【素材 / 06 / 視訊 / 長笛表演.mp4】，拖曳到最後，修剪為 4 秒、設定靜音

9 匯入【素材 / 06 / 片尾 / 片尾.png】，拖曳到最後，設定為 3 秒

6 加上字幕

還記得在第3課我們用 PhotoCap 製作圖說(字幕)嗎?用【相片】軟體,也可以直接在視訊與圖片上加字幕,而且還是動態的喔!

① 點選 影格,然後按【文字】

② 輸入與設定:

A 輸入 - 籃球比賽

B 點選 - 簡單

C 點選 - ▭

D 拖曳 👆 使充滿整段影片

E 按【完成】

你也可以依照自己的喜好,選用想要的文字風格喔!

 ③

點選 ![] 影格，然後

按【文字】

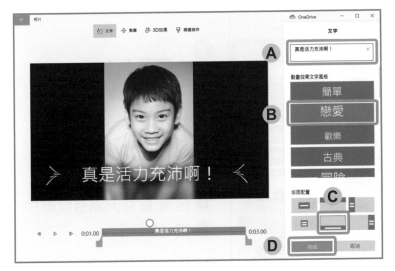

④

輸入與設定：

Ⓐ 輸入 - 真是活力充沛啊！

Ⓑ 點選 - 戀愛

Ⓒ 點選 - ▭

Ⓓ 按【完成】

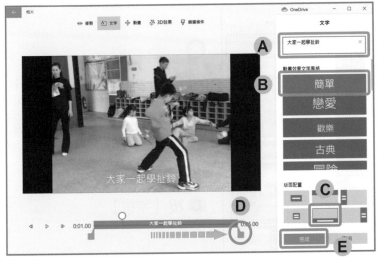

⑤

完成 影格字幕：

Ⓐ 輸入 - 大家一起學扯鈴

Ⓑ 點選 - 簡單

Ⓒ 點選 - ▭

Ⓓ 拖曳 ▮ 使充滿整段影片

Ⓔ 按【完成】

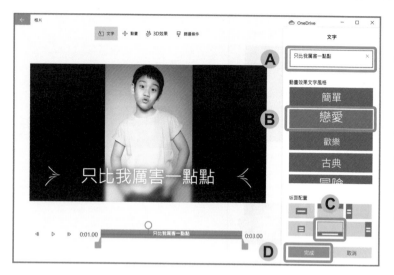

6 完成 影格字幕：

A 輸入 - 只比我厲害一點點

B 點選 - 戀愛

C 點選 - ▭

D 按【完成】

7 完成 影格字幕：

A 輸入 - 武術表演

B 點選 - 簡單

C 點選 - ▭

D 拖曳 👆 使充滿整段影片

E 按【完成】

8 完成 影格字幕：

A 輸入 - 哇！這我甘拜下風

B 點選 - 戀愛

C 點選 - ▭

D 按【完成】

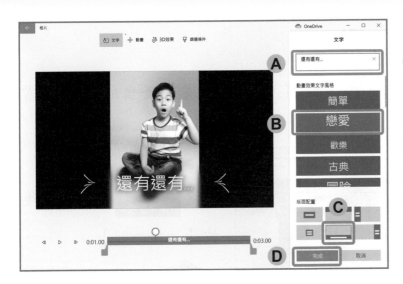

❾ 完成 影格字幕：

Ⓐ 輸入 - 還有還有...

Ⓑ 點選 - 戀愛

Ⓒ 點選 -

Ⓓ 按【完成】

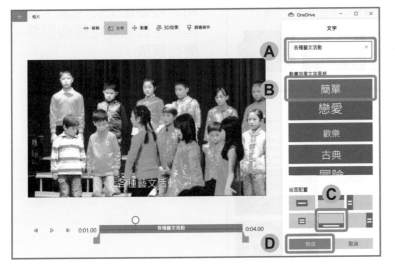

❿ 完成 影格字幕：

Ⓐ 輸入 - 各種藝文活動

Ⓑ 點選 - 簡單

Ⓒ 點選 -

Ⓓ 按【完成】

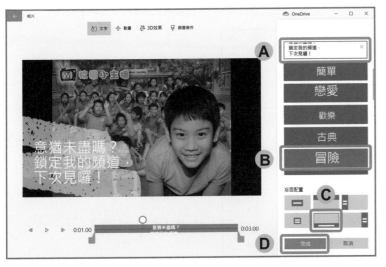

⓫ 完成 影格字幕：

Ⓐ 輸入 -
意猶未盡嗎？
鎖定我的頻道，
下次見囉！

Ⓑ 點選 - 冒險

Ⓒ 點選 -

Ⓓ 按【完成】

加入背景音樂

接著讓我們匯入在第 5 課下載、修剪、設定過淡入淡出的音樂，當作背景音樂吧！

1 點選  影格，然後按【自訂音訊】

> **小提示**
>
> 點選這個影格的用意，就是指定音訊要從這個影格開始播放。

2 按【新增音訊檔】

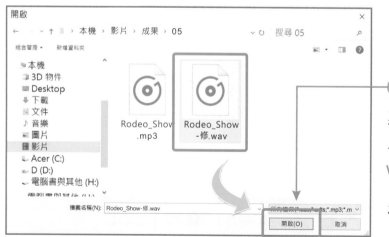

3 點選在第 5 課完成修剪的成果 (Rodeo_Show-修.wav)

然後按【開啟】

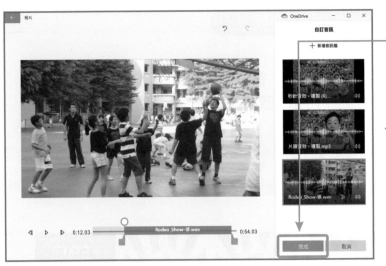

④

按【完成】

小提示

這個音樂長度是事先計算好、用【Audacity】處理過,所以會剛好播放到影片最後,不須再修剪。

⑤

影片編輯完成囉!讓我們預覽一下吧:

Ⓐ 拖曳 ○ 到最左方

Ⓑ 按一下 ▷,從頭播放

⑥

最後按【完成影片】,輸出成影片吧!

耶!
完成了!

你也可以直接用本課【進階練習圖庫】裡的倒數圖片，搭配秒針音效，做出倒數效果喔！來試試看吧！(自己做所需圖片，有加分喔！)

 練功囉

( )① 想在相片上塗鴉，按【編輯和建立】後，要點選？

1. 編輯　　　　　　2. 繪圖　　　　　　3. 加上 3D 效果

( )② 想將塗鴉後的相片存成視訊，按【分享 / 以影片方式分享】後，要點選？

1. ✉　　　　　　2. Ｎ　　　　　　3. 📄

( )③ 想修剪音訊，可先拖曳哪個按鈕來指定終點？

1. ◣　　　　　　2. ◤　　　　　　3. ♀

( )④ 拖曳哪個按鈕，可以設定視訊的終點？

1. ♀　　　　　　2. ◤　　　　　　3. ◣

7 守護地球 Let's Go！

- 3D 效果、3D 模型動畫與綜合練習

守護地球，
人人有責！

守護地球 Let's Go！

(本)(課)(重)(點)

◎ 綜合練習
◎ 3D 效果的運用
◎ 3D 模型動畫

影片主題與腳本

節能減碳、阻止全球暖化，是全人類重要的課題！這一課讓我們製作一支宣導影片-【守護地球 Let's Go！】吧！

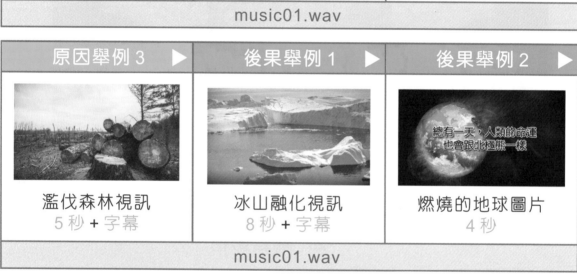

片頭 ▶	原因舉例1 ▶	原因舉例2 ▶
片頭圖片 4秒	排放廢氣視訊 5秒 + 字幕	亂丟垃圾視訊 5秒 + 字幕

music01.wav

原因舉例3 ▶	後果舉例1 ▶	後果舉例2 ▶
濫伐森林視訊 5秒 + 字幕	冰山融化視訊 8秒 + 字幕	燃燒的地球圖片 4秒

music01.wav

感言 ▶	解決方法 ▶	片尾
手捧地球圖片 4秒 + 字幕	十大宣言圖片 6秒	愛心手勢圖片 7秒 + 字幕

music02.wav

2 編輯影格

讓我們新建專案、匯入素材、編排影格順序與時間，並加入一個標題卡片當作前言吧！

◎ 編排影格與設定時間

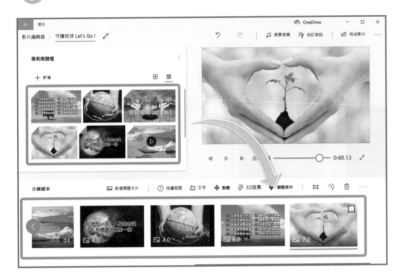

> 記得把本課練習用的素材，複製到專用資料夾【本機 / 影片 / 素材】

❶

新建【守護地球 Let's Go！】專案，匯入素材，並編排影格與設定時間

片頭.png (4秒)→

排放廢氣.mp4→

亂丟垃圾.mp4→

濫伐森林.mp4→

冰山融化.mp4→

燃燒的地球.png (4秒)→

手捧地球.png (4秒)→

十大宣言.png (6秒)→

愛心手勢.png (7秒)

老師說

點選影格，再按【篩選條件】，可設定畫面的色調，例如復古、黑白...等，營造各種氣氛。

⌖ 動畫　　◇ 3D效果　　🖌 篩選條件

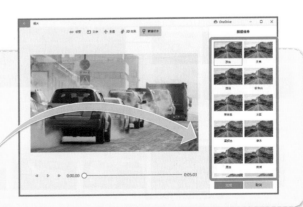

加入標題卡片

1
Ⓐ 點選片頭影格
Ⓑ 按【新增標題卡片】
Ⓒ 再按【背景】

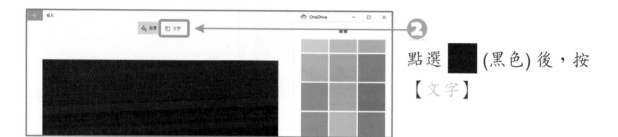

2
點選 ■ (黑色) 後，按【文字】

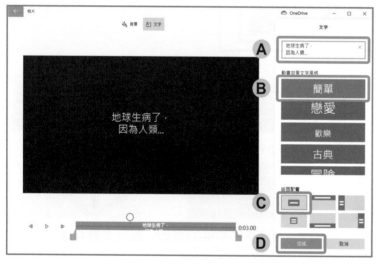

3
輸入文字與設定：
Ⓐ 文字 - 地球生病了，(換行) 因為人類…
Ⓑ 文字風格 - 簡單
Ⓒ 版面配置 - ▭
Ⓓ 按【完成】

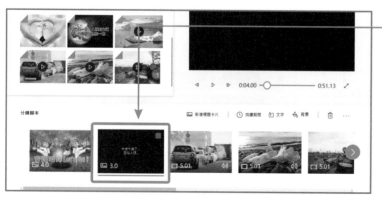

4
拖曳標題卡片變成第 2 個影格

預設是 3 秒，在本課練習中，不用更改。

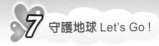

移除黑邊

由於預設與目前最常見的影片畫面比例是 16:9，若素材不是相同比例時，左右會出現黑邊。這時候，我們可以用以下方法來解決：

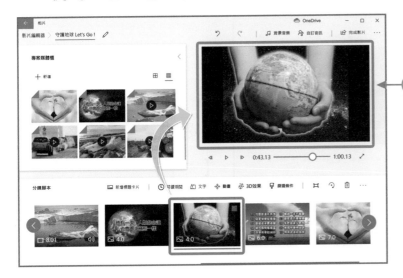

① 點選每個影格看看，發現只有手捧地球這張圖，沒有充滿畫面

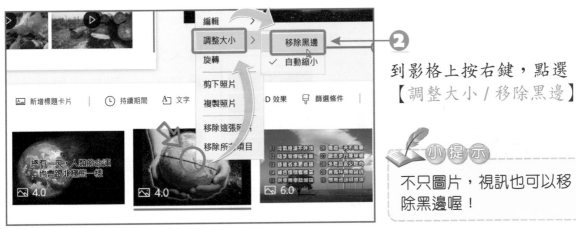

② 到影格上按右鍵，點選【調整大小 / 移除黑邊】

小提示

不只圖片，視訊也可以移除黑邊喔！

③ 充滿整個畫面囉！

 加上字幕

接著讓我們在圖片與視訊上加入字幕吧！

點選 影格，按

【文字】

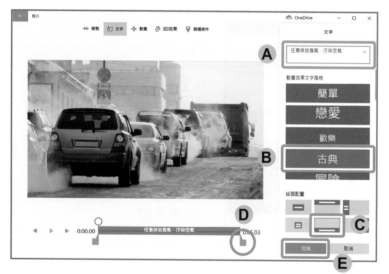

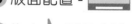

② 輸入文字與設定：

Ⓐ 文字 - 任意排放廢氣，
　　　　汙染空氣

Ⓑ 文字風格 - 古典

Ⓒ 版面配置 -

Ⓓ 拖曳 到最右邊

Ⓔ 按【完成】

文字內容，
可以開啟老師準備的文字檔，
用複製貼上的方式來完成。

如果有更好的語詞，
也可輸入自己想的
文字內容喔！

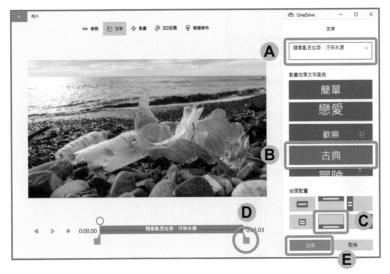

③

點選　影格，

加上字幕：

隨意亂丟垃圾，汙染水源

④

點選　影格，

加上字幕：

濫伐森林，讓氣候惡化

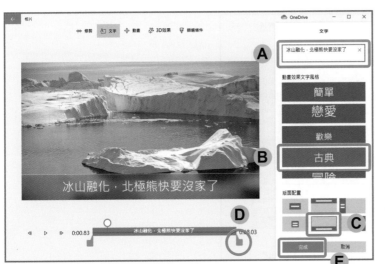

⑤

點選　影格，

加上字幕：

冰山融化，北極熊快要沒家了

⑥ 點選 影格，

加上字幕：

守護環境，拯救家園，就從你我做起

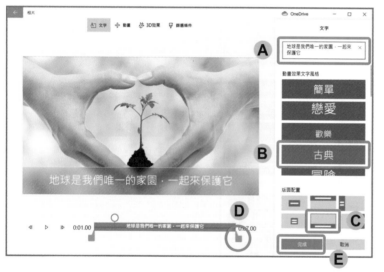

⑦ 點選 影格，

加上字幕：

地球是我們唯一的家園，一起來保護它

⑧ 讓我們預覽一下影片吧：

Ⓐ 拖曳 ○ 到最左方

Ⓑ 按一下 ▷，從頭播放

4 加入 3D 視覺效果

在【相片】軟體上，還提供超多酷炫的 3D 效果與模型，讓影片變得更活潑、精彩喔！趕快來用用看！

◎ 3D 效果 - 虹光閃耀效果

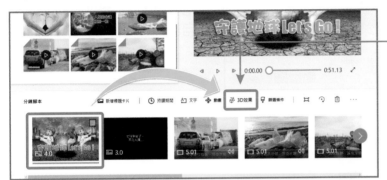

1 點選  影格，然後按【3D 效果】

2 拖曳捲軸，找到並點一下【虹光閃耀】效果，即可將該效果加入畫面

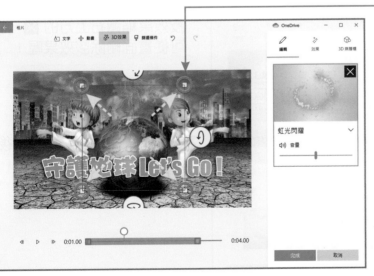

3 拖曳效果的 □，放大效果約如圖示 (到效果中央，可以拖曳移動位置)

□ 縮放
圓周式旋轉
仰視或俯視旋轉
往左或右旋轉

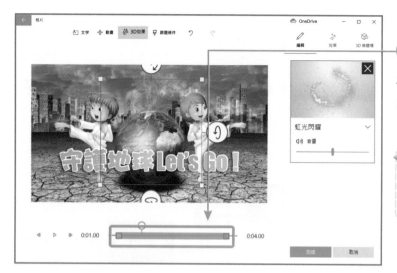

④ 按住藍色橫桿，拖曳到大約時間軸正中央

✐ 小提示
拖曳橫桿前後的 Ⅲ，可自訂效果顯示的時間喔！

⑤ 拖曳 ♀ 到最左方，再按一下 ▷，預覽效果

若不滿意效果，可再進行縮放與安排位置

⑥ 滿意效果，就按【完成】

🎯 3D 效果 - 一束光線效果

✐ 小提示
按效果縮圖右上方的 ✕，可從畫面刪除該效果喔！

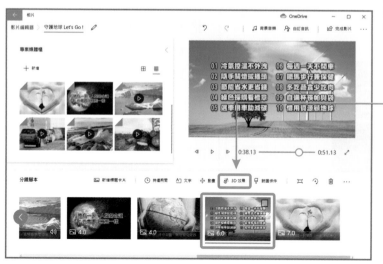

① 點選 影格，然後按【3D 效果】

2 加入【一束光線】效果

在同一個時間軸上，我們可以加入多個 3D 效果喔！

3 拖曳 ♀ 直到可清楚看見光芒

小提示

3D 效果，很多都是一開始看不見，播放後才會顯示出來喔！

4 放大效果、按住 旋轉約圖示角度，並拖曳到圖示位置

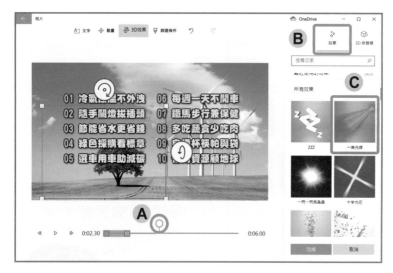

⑤

添加第 2 個一束光線：

A 拖曳 ♀ 到圖示位置，設定效果起始點

B 按【效果】項目

C 點一下加入第 2 個一束光線效果

⑥

放大效果、旋轉並拖曳到圖示位置

⑦

接著再拖曳 ♀ 到時間軸後方，新增第 3 個一束光線效果如圖示

⑧

最後按【完成】

加入 3D 模型與設定動畫

1 點選 影格，然後按【3D 效果】

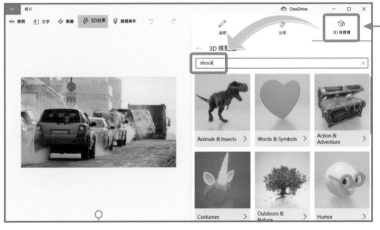

2 點選【3D 媒體櫃】後，搜尋欄輸入【shock】(驚嚇)，按 Enter 搜尋

小提示
查找英文字彙，可多利用【Google 翻譯】喔！

3 拖曳捲軸，找到並點一下圖示模型，將它加入到畫面中

網路瞬息萬變，若搜尋不到範例相同的圖片，也可以插入其他的圖片。

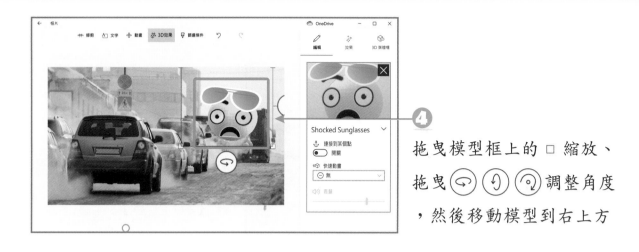

拖曳模型框上的 □ 縮放、
拖曳 ⟲ ↺ ⟳ 調整角度
，然後移動模型到右上方

到模型縮圖下方，按【快
速動畫】的下拉方塊

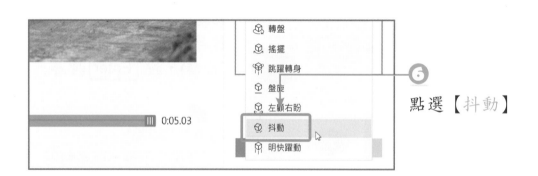

點選【抖動】

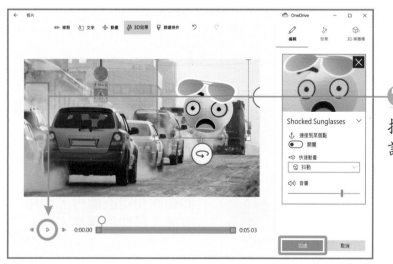

按 ▷ 預覽效果，若滿意
設定，就按【完成】

接著點選 影格，

加入圖示 **3D** 模型動畫

A 關鍵字 - angry (生氣)

B 快速動畫 - 盤旋

點選 影格，加入

圖示 **3D** 模型動畫

A 關鍵字 - Crying (哭泣)

B 快速動畫 - 搖擺

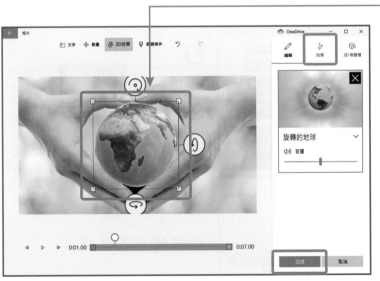

最後點選 影格，

加入 3D 效果

A 效果 - 旋轉的地球

B 放大地球，拖曳到愛心
手勢的正中央

小提示

這個 3D 效果，本身也是
一個 3D 模型喔！

加入背景音樂

① 點選 影格，然後按【自訂音訊】

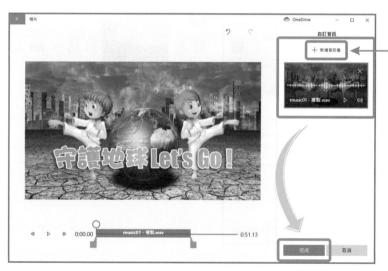

② 按【新增音訊檔】，匯入【music01.wav】後，按【完成】

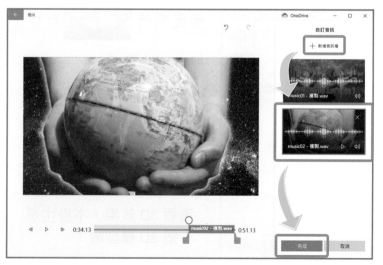

③

最後點選 影格，加入第 2 個背景音樂【music02.wav】，這支守護地球 Let's Go！影片就完成囉！

記得輸出影片喔！

懂更多　YouTube 找創用 CC 授權影片

到 YouTube 也可以找到創用 CC 授權的合法影片喔！

① 開啟 YouTube，關鍵字輸入例如：【節能減碳】搜尋。接著在左上方，按【篩選器】

② 點選【創用 CC】，就會篩選出符合創用 CC 授權的影片清單

③ 點一下影片縮圖或標題，即可開啟影片來觀賞與參考

④ 在影片下方的完整資訊上，會顯示創用 CC 授權方式

● 想下載影片，有一些需特別注意的要點，請參考教學影片的說明。

懂更多　用手機 App 做擴增實境影片

在智慧型手機上，也可以用 App 來錄製擴增實境 (AR) 影片！例如：恐龍在花園中走來走去、老虎出現在校園或變成家裡的寵物...等，酷炫又有趣喔！

好神奇喔！

用本課【進階練習圖庫】裡的圖片，加入 3D 效果，就可以做出超酷炫的【超人大戰恐龍】影片喔！來挑戰一下吧！

( )　1　移除畫面黑邊，在影格上按右鍵後，到哪個項目設定？

　　　1.調整大小　　　　2.編輯　　　　　3.剪下照片

( )　2　想在視訊上加字幕，要按？

　　　1.🅰 文字　　　　2.⟨◇⟩ 動畫　　　3.◻ 3D效果

( )　3　想加入 3D 模型，要到【3D 效果】的哪個項目下搜尋？

　　　1.效果　　　　　2.3D 媒體櫃　　　3.編輯

( )　4　用哪個按鈕可以往左或往右旋轉 3D 效果與模型？

　　　1.↻　　　　　　2.↻　　　　　　3.↻

8 我們班的影展

- 發布影片到 YouTube、建立播放清單

獨樂樂不如眾樂樂

完成一部部精彩的作品後，還可以將它發布到目前最受歡迎的影音平台-【YouTube】上，與大家一起分享！更可以在上面建立【播放清單】，儲存影片開影展喔！

我的作品

把影片發布到
YouTube，
讓全世界的人觀賞！

【播放清單】除了可當個人專屬頻道，
也能蒐集全班同學的佳作，
變成班級作品影展喔！

班級影展

2 發布影片到 YouTube

準備好想發布的影片，讓我們上傳到【YouTube】吧！Let's Go！

> 為了方便練習，上傳前，請先在你所有成果影片名稱前，加上自己的座號，
> 例如：060101跟我去旅遊.mp4

🎯 上傳影片與發布

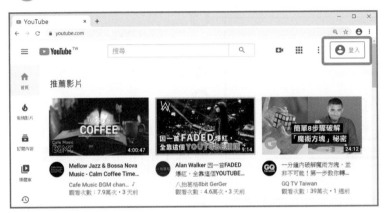

❶

開啟【YouTube】首頁
(https://www.youtube.com)
，然後按【登入】

接著用你的 Google 帳號
登入

❷

到右上方，按 ，點選
【上傳影片】

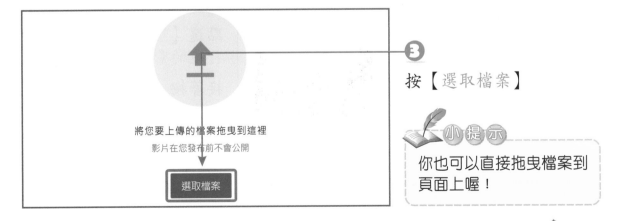

❸

按【選取檔案】

🪶 小提示

你也可以直接拖曳檔案到
頁面上喔！

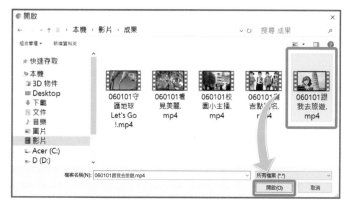

④

點選第 2 課的成果影片，然後按【開啟】

就會開始上傳囉！

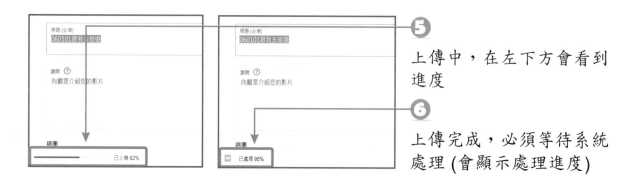

⑤

上傳中，在左下方會看到進度

⑥

上傳完成，必須等待系統處理 (會顯示處理進度)

⑦

有需要的話，在此可更改標題 (片名)

⑧

處理完成，會顯示縮圖，接著按【下一步】

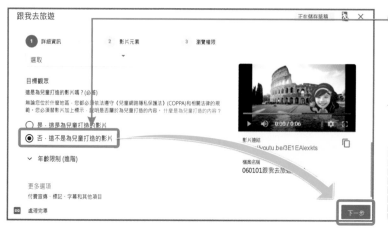

⑨

點選【否，這不是為兒童打造的影片】

接著按【下一步】

> 若點選【是，這是為兒童打造的影片】，可能有些功能會受到限制。

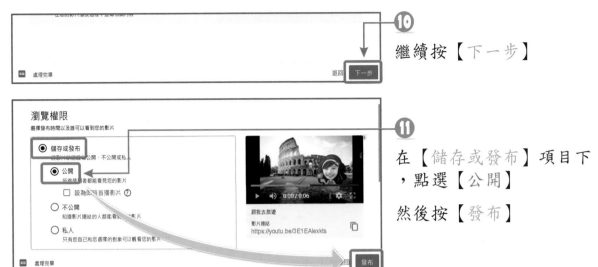

繼續按【下一步】

在【儲存或發布】項目下，點選【公開】

然後按【發布】

發布完成！點一下此網址，即可另開新分頁，觀賞這支影片囉！

影片網址很重要，記得抄起來備用！

最後按【關閉】

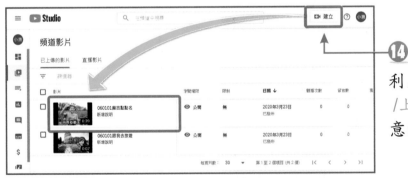

利用一點時間，按【建立/上傳影片】，把你最滿意的作品也上傳吧！

若想刪除影片，就將游標移到影片名稱上，按 ⦂ ，再點選【永久刪除】，即可刪除。

我的播放清單

【播放清單】就像一個影片頻道，你可以把自己的或喜歡的影片放在裡面，不管是用在統合或分類，都很好用喔！

◎ 新建播放清單與加入影片

① 連結播放前一節上傳的第一支影片

② 按影片畫面右下方的
≡+ 儲存

③ 按 ＋ 建立新的播放清單

④ 名稱輸入例如：【我的作品】、隱私設定【公開】

⑤ 按【建立】

完成建立並加入影片，左下方出現【已新增至...】訊息

連結播放上傳的第二支影片，然後按  儲存

勾選【我的作品】，然後按 ✕ ，這樣就可以把影片加入指定的播放清單囉！

✎ 小提示

按【建立新的播放清單】，還可以繼續新增其他清單喔！

◎ 開啓播放清單

到網頁左上方，按

2

點選清單【我的作品】

小提示

所有已建立的播放清單，
都會顯示在這裡。

3

A 這是播放清單的網址

B 這裡會顯示清單內的
全部影片

C 按【全部播放】，就
可以從第一支影片開
始播放

小提示

拖曳影片縮圖左方的 ≡，
可以排列上下順序喔！

4

影片在 YouTube 上播放
時，右上方也會顯示清單
的內容喔！

在播放清單主頁上，按 ⋯ ，點選【刪除播
放清單】，即可刪除該播放清單。

4 我們班的影展

使用新建播放清單與加入影片的方法，就可以為全班建構一個線上影片展喔！該怎麼做呢？例如：

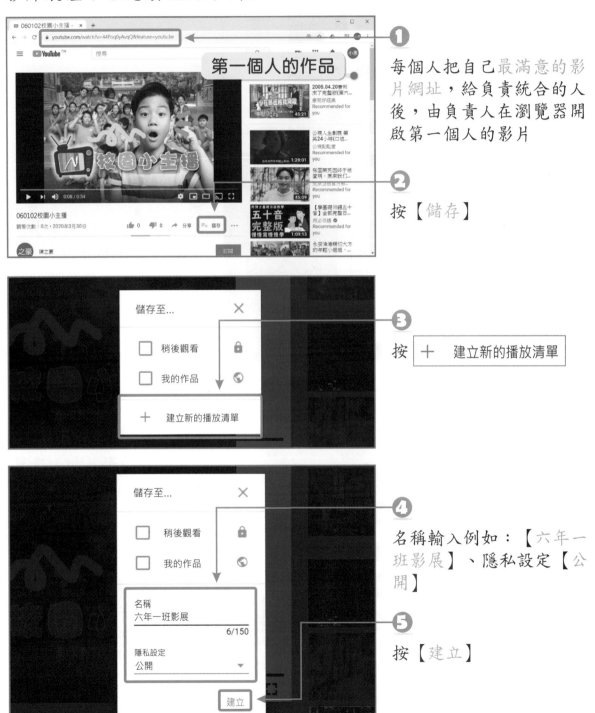

① 每個人把自己最滿意的影片網址，給負責統合的人後，由負責人在瀏覽器開啟第一個人的影片

② 按【儲存】

③ 按 ➕ 建立新的播放清單

④ 名稱輸入例如：【六年一班影展】、隱私設定【公開】

⑤ 按【建立】

第二個人的作品

6 負責人接著開啟第二個人的影片

7 按【儲存】

儲存至...

☐ 稍後觀看 🔒

☑ 六年一班影展 🌐

☐ 我的作品 🌐

➕ 建立新的播放清單

8 勾選【六年一班影展】，然後按 ☒ ，這樣就可以把影片加入班級的播放清單囉！

把清單網址公布給大家吧！

六年一班影展

5 部影片・今天更新

公開

060101麻吉點點名
吳小惠

060102校園小主播
陳之豪

060103守護地球 Let's Go！
林家華

060104看見美麗
王小宇

負責人也別忘了加入自己的作品喔！

9 使用 **6** ～ **8** 的方法，繼續將其他人的影片加入清單後，按 ☰ ，點選【六年一班影展】，班級的影片作品清單就完成啦！

小提示

若想將影片從清單移除，就將游標移到影片名稱，按 ⁝ ，點選【從「六年一班影展」中移除】。

( ) **1** 下面哪個是影音平台網站？

    1. Facebook   2. YouTube   3. yam 蕃薯藤

( ) **2** 想發布影片到 YouTube，要按網頁上的哪個按鈕？

    1. 🎦   2. 🔔   3. ⊞

( ) **3** 想將 YouTube 上的影片加入播放清單，要按？

    1. ➔ 分享   2. ☰+ 儲存   3. ‧‧‧

( ) **4** 想開啟播放清單、瀏覽裡面有哪些影片，要按？

    1. ☰   2. 🎦   3. 🔔

學到這邊，從取得素材、美化影像、剪輯聲音到製作影片，是不是都很有心得了呢？發揮巧思、善用工具，最佳小導演就是你喔！

加油！

我是小導演 - 影音剪輯 (Windows 10 版)

圖書編號：SA38
ISBN：978-986-96307-2-6

作　　者： 小石頭編輯群‧夏天工作室
發 行 人： 吳如璧
出 版 者： 小石頭文化有限公司
　　　　　 Stone Culture Company
地　　址： 臺北市內湖區康寧路三段22-1號2樓
電　　話： (02)2630-6172
傳　　真： (02)2634-0166
E - mail： stone.book@msa.hinet.net
郵政帳戶： 小石頭文化有限公司
帳　　號： 19708977

致力於環保，本書原料和生產，均採對環境友好的方式：
- 日本進口無氯製程的生態紙張
- Soy Ink 黃豆生質油墨
- 環保無毒的水性上光

PRINTED WITH SOY INK
SAVE THE WORLD
ECO-PULP エコパルプ

國家圖書館出版品預行編目(CIP)資料

我是小導演 - 影音剪輯
/ 小石頭編輯群‧夏天工作室 編著
-- 臺北市：小石頭文化，2020 .04
　　　　面；　　公分
　ISBN 978-986-96307-2-6 (平裝)
1.電腦教育　2.多媒體　3.數位影像處理
4.視訊系統　5.中小學教育
523.38　　　　　　　　　109004620

定價 249 元 • 2021 年 07 月 出版*

書局總經銷：
聯合發行股份有限公司
電話:(02)2917-8022

學校發行：
校園文化事業有限公司
電話: (02)2659-8855

零售郵購：
服務專線: (02)2630-6172

特別感謝：
本書第一課中部分花卉照片，為臺北市博愛國小黃議德老師授權使用。

【PhotoCap】是由王俊昌先生所開發的軟體，不僅開放免費下載，在功能上也無任何限制！在此向王俊昌先生致上十二萬分的謝意！